我
们
一
起
解
决
问
题

社群运营

技巧解析+方法提炼+案例分享

谢佩峰　叶青◎著

人民邮电出版社

北　京

图书在版编目（CIP）数据

社群运营 ：技巧解析+方法提炼+案例分享 / 谢佩峰，叶青著. -- 北京 ：人民邮电出版社，2017.12（2022.3重印）
ISBN 978-7-115-47228-1

Ⅰ. ①社… Ⅱ. ①谢… ②叶… Ⅲ. ①网络营销
Ⅳ. ①F713.365.2

中国版本图书馆CIP数据核字(2017)第273282号

内 容 提 要

社群是怎样产生的？什么是社群经济？社群变现的模式和渠道有哪些？未来的社群将如何发展？《社群运营：技巧解析+方法提炼+案例分享》针对这些问题进行了一一讲解。

本书共分7章。第1章回顾社群的产生与发展；第2章介绍了社群和社群经济；第3章讲述了社群营销与运营的技巧；第4章分享了做好社群营销内容的方法；第5章提供并解读了多个社群营销的实战案例，包括罗辑思维、正和岛、爱奇艺、美拍、咕咚跑步等；第6章探讨了社群变现的模式和渠道；第7章则对未来社群的发展进行了畅想。总之，本书图文并茂、内容落地，具有操作性很强的实战方法和丰富的案例，能够为读者提供多方面的指导。

无论你是企业家、创业者、电商或微商从业者，还是营销从业人员，本书都会为你提供解决工作中问题的灵感。

♦   著   谢佩峰 叶 青
      责任编辑 张国才
      责任印制 焦志炜

♦ 人民邮电出版社出版发行   北京市丰台区成寿寺路 11 号
    邮编 100164   电子邮件 315@ptpress.com.cn
    网址 http://www.ptpress.com.cn
  北京虎彩文化传播有限公司印刷

♦ 开本：700×1000 1/16
    印张：12.5   2017 年 12 月第 1 版
    字数：130 千字   2022 年 3 月北京第16 次印刷

定价：49.00 元

读者服务热线：(010)81055656 印装质量热线：(010)87055316
反盗版热线：(010)81055315
广告经营许可证：京东市监广登字 20170147 号

推荐序

以往的营销以产品为中心，先有产品，再向消费者进行营销。而移动互联网时代的营销以人为中心，先有用户，再根据用户的需求进行产品的研发和设计。

人们热衷于通过微信朋友圈和微信群将自己的喜好、审美、社交关系等数据主动连接到移动互联网。在这场以社交为中心的大规模连接运动中，没有人能置身事外，没有人不被连接，没有人注册微信是不加一个好友的，也很少有人注册了微信而一个微信群都不进或者不被拉进微信群。

人们之所以频繁地进群，频繁地进行社交连接，是因为人们渴望社交，渴望归属，渴望找到和自己有共同兴趣的人。人们渴望通过社群找到自己想要的各种资讯。因为有这种渴望，了解并能满足这种渴望的一种场景——社群，应运而生。社群成为营销人员发展新用户、沉淀用户、运营用户、转化用户、激发用户传播的重要"战场"。

我从2013年开始运营微信群，迄今为止一共做了150多个付费的微信群，在微信群运营方面也发表了不少自媒体文章，在微营销研究领域算得上是领先的探索者。但非常遗憾的是，目前我还没有发现一本能令我信服的社群营销著作。虽然我看过很多有关社群的文章和书籍，但是依旧没办法给身边的人说清楚"社群"。当看到作者这本书的目录时，我眼前一亮：这正是你和我都想要的那种关于社群方面的图书作品！

在这本书中，作者从社群的形成和发展开始阐述，给我们这些做社群运营的人指明了方向。不仅如此，我们从这本书中还可以发现作者对社群的定义、特征和价值均有独到的见解。

通过这本书，我们可以清楚地了解到什么是社群，社群应该是什么样子，社群的盈利模式有哪些，有什么商业价值，我们应该怎样搭建和运营社群。另外，作者收集了当下移动互联网领域中热门的社群运营案例，可以帮助读者更加直观地掌握社群运营的精髓。

总之，从理念到方法，从方法到案例，谢佩峰老师做了非常系统的研究，并且通过本书完美地呈现出来。这就是我推荐这本书的原因所在。

强烈推荐你把这本书带在身边，随时研读。

尹振豪（老壹）

壹言谈®原创微营销社群创始人

自　序

　　历经一年有余，本书终于完稿了。完稿的一瞬间，我自己长长地舒了一口气。写书是件很痛苦的事情，当然也是很开心的事情。

　　曾经有人说过，个人最大的优势就是看清社会的趋势。2013年7月，我刚刚接触微信，那时候的我还一直在关注微博营销。很多人跟我说现在流行移动互联网营销，大家谈论的都是微信。我觉得微信很简单，就没怎么关注。忽然有一天，也是一个偶然的机会，叶青老师（本书的作者之一）的演讲启发了我，让我明白移动互联网已经给传统企业带来了非常大的冲击，传统企业必须转型才能成功。现在最流行的就是"微营销"这个概念，于是我开始关注这个领域。

　　时间到了2015年，"微营销"领域已经由微信营销扩展到社群营销。到2017年，我从事社群和移动互联网营销实践工作已有四年多了。从社群不温不火到社群概念大红大紫，这当中有热闹的吹捧，也有不被看好的质疑。而我们这些一直在路上的人却坚信，社群会改变我们的生活方式、工作方式、社交方式和消费习惯等，移动社群将催生整个商业社会的又一次变革。

　　在变革中，有人注定会被淘汰，有人注定会崛起。被淘汰的人往往都是不愿意改变或者跟不上时代变革的人，而崛起的人往往是那些主动寻求变革甚至走在时代前列的人。为了不被淘汰，这几年我将大量的时间和精力放在了社群、移动互联网营销和新型营销模式的研究和实践上。

　　本书从社群的形成和发展讲起，结合大量的实战案例，介绍了玩转社群营销的策略和技巧，书中的内容能够帮助社群运营者做大、做强社群，实现社群变现。同时，本书图文并茂、内容落地，具有操作性很强的实战方法和丰富的案例，适合企业家、创业者、电商从业者、微商从业者和营销从业者等读者朋友阅读、学习，对移动互联网思维感兴趣的读者朋友也能从本书中获得启发和灵感。当然，书中的一些观点和案例可能有失偏颇，作者希望能得到大家的批评和指正。

　　本书能够面世，离不开大家的支持。首先要感谢叶青老师和熊福林老师的关爱和指导；其次要感谢李文勇老师和出版社为此书出版所作出的努力；最后要特别感谢江中原、谢冬晴、胡学能、熊静、叶承宇、陶雄、罗海建、崔姣姣、项亭和苏冬冉，是你们的支持才让本书能够和广大读者见面。

谢佩峰

本书作者

目 录

第 1 章

互联网社群的形成与发展

1.1 什么是社群

随着移动互联网的发展，各种移动社交工具不断涌现，催生了大量的以移动化和交互性为特征、以垂直领域的某种兴趣图谱为核心的移动社群。谈到社群，就必须厘清社群和人群、微信群、社区的区别。社群是突破时间和空间，更强调实时性和社交性的人际沟通关系的群体。从互联网的角度，社群可以分为产品型社群、兴趣型社群、品牌型社群、知识型社群和工具型社群。

1.1.1 与社群相关的概念

（1）社群与人群

关于社群和人群的区别，可以举个例子来说明：一个有关减肥的社群是一个具有目的性的整体，而这一群想要减肥的人则着重强调的是个体，就是人群。由此可见，社群一定是带有某种共性和目标的。

（2）社群与微信群

现在有这样一种误解：组建一个微信群，邀请一群人进来，在群里互动聊天就是玩社群。QQ 群、微信群、微信和微博仅仅是社群的载体或平台，只能说微信群是社群运营最好的工具。正如克莱·舍基在《无组织的组织》中所提到的那样，就算你设计了一把不错的铲子，人们也不会因为这把铲子好用而挖出很多沟。可以说，微信是个不错的社交工具，但不代表人们可以建立很多社群。

（3）社群与社区

从结构上看，论坛社区并不是一个社群，而是自发型社群的集群平台。无数的自发型社群依附在论坛社区平台上进行内容的交流和分享，QQ 群、微信群、SNS、论坛、微信公众号、微博、微信朋友圈或者 QQ 兴趣部落等都可以成为社群的生存平台。社群成员并不依存在一个固定的社区平台之上，他们可以是散布在各个平台上的独立个体，因为同一个目标集中在一起，然后在各个社群工具之间来回交叉互动，形成一个松散型的社区。

社群和社区一直都是相互依存的关系，只是随着社交工具的日趋多元化，社群开始从一个独立的社区走向了整个互联网，从一个社区下的社群变成了一个社群化的社区。过去的社群都形成于一个个独立的社区平台之上，借助平台的影响力寻找到志同道合的朋友，并以此形成自发型的社群。随着移动互联网的发展，加上社群商业价值精准化的特征，造成了现在的社群大多数是人为组织建立的。社群的发起人会尽自己所能在不同的平台上发展社群成员，并最终汇聚到一个主导的社群工具上。

1.1.2　社群的分类

传统社群的种类划分可借鉴传统社会学的标准。对不同类型的人进行归类，其核心不仅仅限于一个称谓，更是要分析这群人的习性和品质。

（1）按地理位置划分：从本地的近邻社群、郊区社群、村庄社群、城镇社群、城市社群到国家社群。

（2）按文化划分：从亚文化社群、人种社群、宗教社群、跨文化社群到全球社群。

（3）按社群组织划分：从常见的家庭、亲属关系、企业组织、政治团体、职业机构到全球团体。

互联网时代的社群发展趋势是逐渐向兴趣图谱靠拢，社交网络中的兴趣图谱对社交图谱的补充会变得越来越重要。Facebook、Twitter 和 Google 等已开始进行相关内容的推送，未来这个领域会更加热门。互联网时代的社群由感性的社会人基于不同的动机和需求自主创建或自发形成，不同的社群具有不同的定位和性质（见图 1-1）。

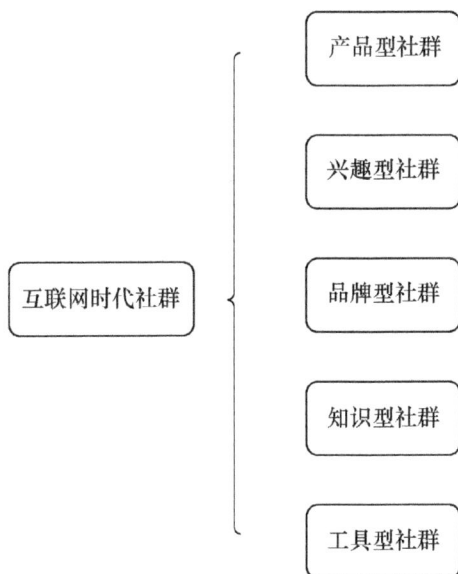

图 1-1　互联网时代社群的类型

（1）产品型社群

产品型社群的概念源于互联网思维。与工业时代相比，互联网时代的产品不仅承载了功能属性，还承载了趣味与情感属性。

优秀的产品能直接带来可观的用户和粉丝群体，同时产品又是中介和平台，促使人聚合成为社群。目前的产品型社群已经有一些成功的实践案例，如黄太吉煎饼、雕爷牛腩、楼兰蜜语和良品铺子等。这些社群有着实体经营的产品，但又有不同于传统的产品销售方式；他们充分利用线上社群的影响力和传播力，激发粉丝的参与热情和活跃度，最终带来线下销售的辉煌业绩。

（2）兴趣型社群

兴趣型社群是基于兴趣图谱创建的社群。互联网突破了时间和空间的限制，其无限的延展性实现了人的自由聚合。人们通过网络可以很容易找到志趣相投的伙伴，便捷地建立起各种基于兴趣图谱的社群。因为需求的个性化和兴趣的多元化，兴趣型社群不仅种类繁多，而且各具差异化优势，如科技创业类社群36氪、美食分享类社群大众点评、时尚消费类社群美丽说等。

在追求自由化、多元化和个性化的社群时代，个体无论多么微小的兴趣、多么精细的需求或多么细腻的情感都能找到同类的人组成社群。个人的兴趣因为有了社群的互动而得到共鸣和放大，从而使兴趣型社群蕴含着巨大的商业价值，具有非常诱人的商业空间。

（3）品牌型社群

品牌型社群是产品型社群的延伸。产品型社群发展到后期，用户群体对产品所归属的品牌产生信任和情感关系，就会热衷于追逐品牌旗下的其他产品，继而对品牌文化产生强烈的认同感，于是形成了品牌型社群。品牌型社群以用户对品牌的情感体验为纽带，用户由于认同品牌的价值观而聚合在一起，通过交流和互动产生强烈的心理共鸣。

品牌型社群是以用户为中心的关系网，其意义在于为用户提供与品牌相关的独特的消费体验。品牌型社群兴起初期以线下社群活动为主，哈雷车友会就是典型的代表。一群热爱哈雷摩托车的用户因为崇尚哈雷品牌精神而凝聚在一起，通过哈雷车友大会、哈雷大奖赛和哈雷故事会等一系列活动，将全球超过150万人的车主们联系起来，分享激情、张扬个性。

随着互联网的发展，线上品牌型社群也得到迅速发展，如星际迷航（Star Trek）粉丝社群、星战迷社群等。最成功的莫过于星巴克的品牌型社群，通过在网页、论坛、博客、在线游戏和微信等平台上与粉丝互动进行创意营销，建立了强大的粉丝团。而早在2009年，星巴克在Facebook上的粉丝规模就排在企业类的第一名。

（4）知识型社群

狭义的知识型社群是指企业组织内的员工自动自发组成的进行知识分享和学习的团体，其凝聚的力量是人与人之间的学习兴趣和交流需求，而不是正式的工作职责或任务。知识型社群能促进企业组织内部隐性知识传递和知识创新，提升员工的学习能力，最终形成企业组织最宝贵的人力资产。

广义的知识型社群是指个体基于学习兴趣，为了获取和分享知识而聚合的互联网社群。从本质上说，知识型社群是兴趣型社群的一种。知乎是典型的知识型社群App，通过网友问答和知识分享，它源源不断地为社群用户提供高质量的知识信息。

（5）工具型社群

各种社群软件和应用为人们的社群交流提供了工具，如微博、微信和陌陌等。参与社群已经成为人们普遍的日常状态。在这种趋势中，社群成为人们加强实时沟通的一种灵活方便的工具。

例如，小米以米聊群代替组织架构，实施内部项目管理；越来越多的企业采用微信群组织会议、协调项目和处理工作；当一个学习项目成立时，一个社群也就组建好了，整个项目的信息沟通、统筹协调和效果检测都可以在社群中实时进行；朋友聚会时，参与者也可以临时建群来加强交流和互动。由此可见，工具型社群的应用性、灵活性和场景性等特点，可以完全服务于用户在特定场景的沟通需求。

1.2 互联网社群的形成与发展

1.2.1 互联网社群的形成

按照传统的观点，社群就是以血缘或地理位置为标准划分出来的一种利益共同体。而互联网带来了超越地域的联系与连接，社群成为一种拥有强关系的、有相同兴趣爱好或者价值认同感的人共同组成的群体。

目前，中国较成功的互联网社群有以下几种模式。

（1）小米型社群

典型企业为小米科技。小米科技初创时精心挑选了100位超级用户参与MIUI的设计、研发和反馈等。借助这100位用户的口碑传播，MIUI得以迅速推广。这100位用户就是社群的第一批种子用户,他们因具有极高的参与度,与企业是一种平行的关系,而不是单纯的用户与企业的关系。

单纯的用户想要更多的利益,如打折、优惠券,而这100位用户则参与企业产品的研发,包容企业的过错,小米科技和他们之间有着朋友间患难与共的关系。例如,小米科技在有最新的版本需要体验时会第一时间通知这些用户,他们形成了一种如同朋友间的连接(小米新产品上市现场如图1-2所示)。这群用户在发现小米手机软、硬件出现了问题时,会尽力提供帮助。因此,小米科技的成功和这批最早的社群用户有着很大的关系。

图1-2 小米新产品上市现场

(2)罗辑思维型社群

罗振宇的《罗辑思维》节目是社群经济的最早的定义者与实践者(见图1-3)。罗振宇在四个月内两次招募付费会员,入账近千万元,而他做的就是每天提供一段语音、每周提供一期视频脱口秀,给粉丝提供自媒体内容。这

10 | 社群运营 |
技巧解析＋方法提炼＋案例分享

让人们对社群商业的力量惊叹不已。

正因为罗辑思维提供给人们的是和当下生活联系紧密、能够引人深思、给人启发的内容，所以成为优质的自媒体。优质内容慢慢塑造了罗振宇的人格魅力，而罗振宇的魅力吸引了大量铁杆粉丝，这群粉丝拥护罗振宇，愿意付出金钱。罗振宇也为这些粉丝送上了《罗辑思维》的定制图书，提供各种活动的优先参与机会，以及大家一起游山玩水的聚会。因此，罗振宇和粉丝之间也是朋友关系。

图 1-3　罗振宇打造人格魅力

（3）趁早型社群

典型代表是趁早（北京）科技有限公司，它提倡的理念是人的理性和自律是可以被训练出来的。趁早在全国很多城市拥有"趁早读书会"，经常由社群成员自发策划并举办一些活动，如职场经验分享、电影沙龙、心理主题讲座和品茶活动（见图1-4）。

对于趁早社群成员来说，这些活动可以拓宽知识面和提高解决问题的能力，可以让自己成长，还可以认识一些志同道合的朋友。通过读书会的活动，趁早慢慢聚集了一批拥有自律、有追求、同频率的粉丝，最终形成了一个社群。

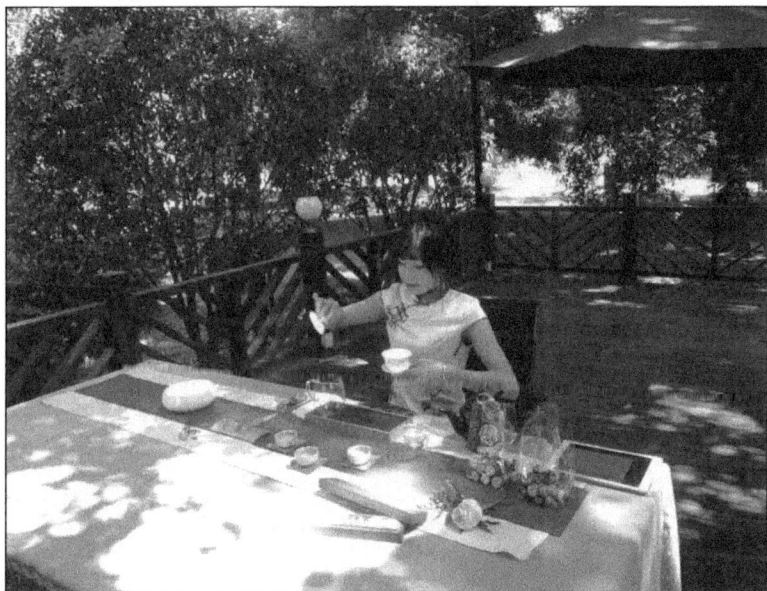

图1-4　趁早读书会品茶活动

（4）研习社型社群

典型代表有颠覆式创新研习社。颠覆式创新研习社是针对互联网思维和互联网创业的学习组织，该社群以年为单位收取会费。进入该社群的人员都是拥有相同的兴趣爱好、想改变自己命运或者有创业梦想的人。研习社为社群成员寻找名师，名师提供课程让社群成员学习，而社群成员在学习知识的同时还可以认识志同道合的朋友。除此之外，颠覆式创新研习社还经常举办活动，如辩论比赛等（见图1-5）。

图 1-5　颠覆式创新研习社辩论比赛

1.2.2　互联网社群的发展

由速途研究院撰写的《中国互联网社群发展研究报告》于2015年7月发布，报告中提到互联网不断冲击传统商业模式和社会协作方式。在互联网逐渐改变人类连接方式的同时，"社群"这个概念被重新定义，随之而来的很多新概念也在近几年陆续被提出，如"社群经济""社群媒体"等新名词逐渐被更多人认知。

（1）中国社群平台的发展历史（见图1-6）

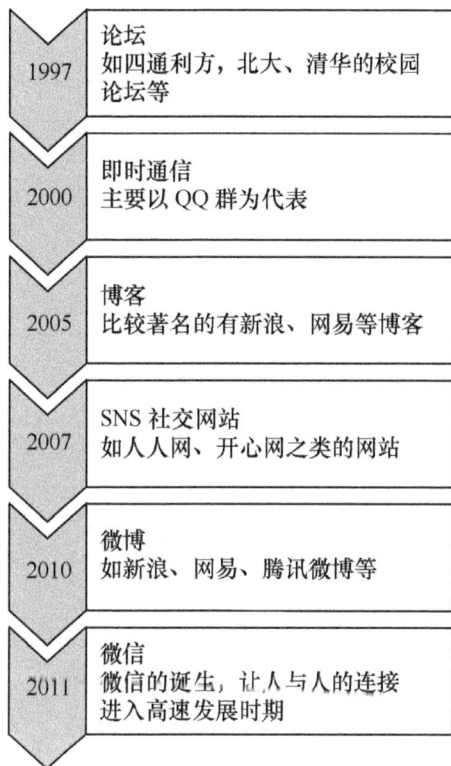

图1-6　中国社群平台的发展历史

　　各种网络社交平台的发展是互联网社群发展的基石。论坛兴起于1997年下半年，后来QQ群成为互联网交流群体的基本单位，再后来微博让人们可以更方便地直接交流。到2011年微信产生，在移动通信设备的支持下，人与人的连接更加便捷。时至今日，可以说每一个微信群都是一个社群的雏形。

（2）社群的主要分类及占比（见图1-7、图1-8）

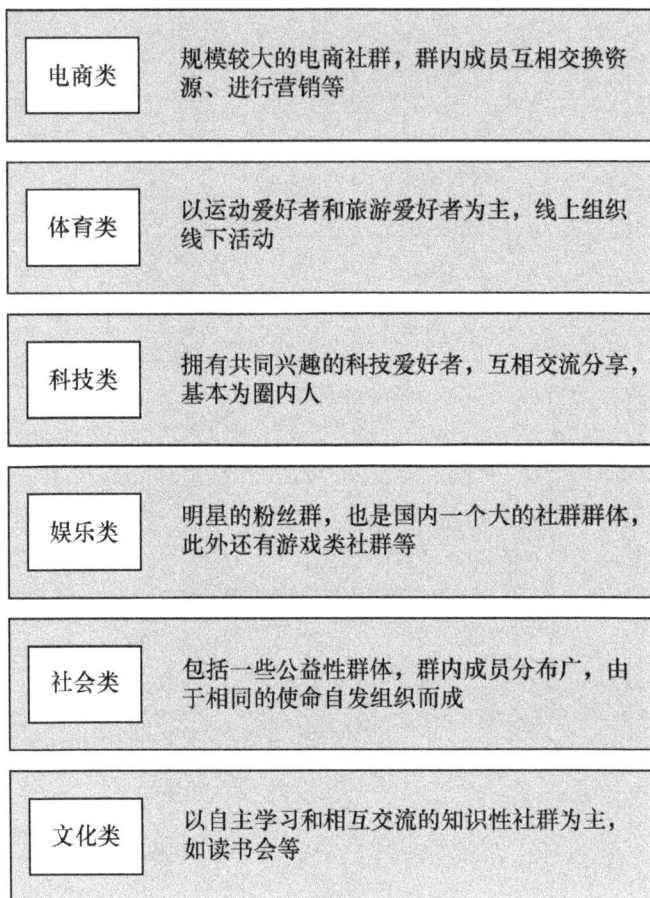

电商类	规模较大的电商社群，群内成员互相交换资源、进行营销等
体育类	以运动爱好者和旅游爱好者为主，线上组织线下活动
科技类	拥有共同兴趣的科技爱好者，互相交流分享，基本为圈内人
娱乐类	明星的粉丝群，也是国内一个大的社群群体，此外还有游戏类社群等
社会类	包括一些公益性群体，群内成员分布广，由于相同的使命自发组织而成
文化类	以自主学习和相互交流的知识性社群为主，如读书会等

图 1-7　社群的主要分类

　　按照社群的基本属性，中国主流社群大致可以分为电商类、体育类、科技类、娱乐类、社会类和文化类。不同兴趣爱好、不同需求的人群通过互联网连接，逐渐形成规模，促进各行业的发展。

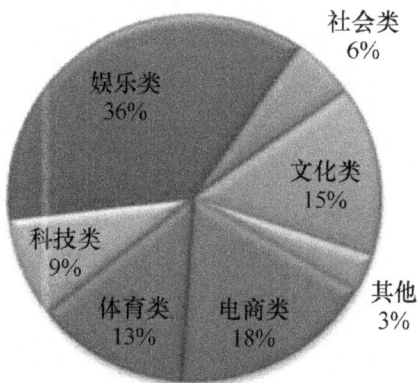

图 1-8　各类型社群占比

从图 1-8 可以看出，在中国的社群中，娱乐类社群占了 36% 的比重，排名第二和第三的分别是电商类和文化类社群。经济的快速发展增加了人们在精神娱乐方面的需求，电影、音乐和游戏等娱乐项目容易引起人们产生共鸣，进而产生连接。随着电商高速发展，社群经济在电商之间愈演愈烈，这一点在新媒体上表现得尤为突出。文化类社群在中国具有悠久的历史，而自媒体的发展加速了文化类社群的壮大。

（3）2015 年中国社群排行榜（见表 1-1）

表 1-1　2015 年中国社群排行榜

排名	社群名称	社群类型	简介
1	黑马会	创业社群	创业家传媒打造的中国最大的创新创业社群
2	秋叶 PPT	知识社群	秋叶大叔带职场新人一起思考总结分享的大型知识社群
3	胖鸟剧团	戏剧社群	深圳民办演出机构，致力于打造跨界话剧演出、戏剧评论、多门类艺术文化交流平台

（续表）

排名	社群名称	社群类型	简介
4	凯美睿斯	商业社群	高品质、健康、专业、时尚的美业品牌
5	深圳读书会	知识社群	市民自组织的民间文化公益机构，深圳最大的民间阅读组织
6	孵爱代	亲子社群	致力于培养新型家庭关系的教育机构
7	刘凌幼教名师工作室	亲子社群	深圳实验幼儿园和彩田幼儿园等名师团队共同的交流平台
8	川美深圳校友会	校友社群	四川美术学院深圳校友联盟
9	突围俱乐部	知识社群	年轻人行动与实践的俱乐部
10	熊孩子联盟	亲子社群	马鞍山及周边城市优质好玩的游乐场所，提供展览、儿童剧等亲子类专享服务的亲子教育机构

在 2015 年社群排行榜的前 10 名中，知识社群和亲子社群各占 3 个，创业社群、戏剧社群、商业社群和校友社群各占 1 个。

1.3 移动互联网引爆社群

网络使社群得到普及，而真正引爆社群的是移动互联网。可以说，移动互联网开启了社群经济时代。据 2016 年发布的《中国移动互联网数据盘点与 2017 预测专题报告》数据显示，在 2016 年，中国移动互联网用户规模的增速虽然走低，但用户数达到了 8.8 亿人，与 2015 年相比增长了 19.3%，继续保持着超越 PC 端用户数量的态势。国内移动互联网市场规模迎来增速高峰，增长率同比超过 300%，总量为 52817 亿元。

在用户逐渐养成移动化行为习惯的前提下，2017 年移动互联网市场表现突出，移动营销、移动购物、移动游戏和流量费等细分领域都取得了较大的发展。

1.3.1　社交工具的快速发展

随着移动互联网和智能手机的发展，网络社群逐渐转到移动端，这是科技发展的必然结果。在发展初期，社群工具大多在 PC 端使用。随着移动互联网的飞速发展，大量的社交工具出现在手机端，微信、陌陌即是典型代表。

微信由腾讯公司于 2011 年 1 月 21 日正式发布，截至 2013 年 11 月，注册用户数量突破 6 亿人，2017 年第二季度月活跃用户数量达到 9.63 亿人。庞大的用户量除了归功于腾讯 QQ 的庞大用户量以及微信友好的用户界面之外，还要归功于腾讯公司将微信社交定位为"朋友间的深交"。"仅指定人群可见""仅共同好友可见评论"等功能深入人心，使微信区别于其他社交应用程序，从众多社交工具中脱颖而出、飞速发展（见图 1-9）。

图 1-9　微信程序用户界面

　　陌陌是北京陌陌科技有限公司于 2011 年 8 月推出的一款基于地理位置服务的社交应用程序。通过免费的陌陌智能型手机用户端，用户可以向附近的其他用户发送免费的文字、图片和语音信息以及当前的地理位置等内容（见图 1-10 ）。

图 1-10　陌陌主打"附近的人"

　　2011 年 8 月 4 日，陌陌 iOS 版正式上线；2013 年 3 月 12 日，用户数量突破 3000 万人；2014 年 2 月，注册用户数量突破 1 亿人，月活跃用户数量达到 4000 万人，付费会员数量达到 100 万人。截至 2016 年 12 月底，陌陌的活跃用户数量达到 8110 万人，付费会员数量达到 350 万人。笔者相信，随着移动互联网的飞速发展，陌陌的用户数量还会继续增长。

1.3.2　移动互联网加速社群发展

移动互联网为人们提供了可以随时随地进行社交的平台，激发了人们的社交需求和创造需求。人们可以根据自己的多元化需求，自由地创建和管理社群，寻求满足感和归属感。同时，人们加入社群的主动性、满足感和归属感的加强又会促进移动社群的进一步发展。因此，人与人的实时交互和自由聚合变得无所不在、无所不能。

社群时代的社交关系处于现实社交的熟人关系与虚拟社交的陌生人关系的交叉地带，是一种全新的信任关系。一方面，社群工具的普及实现了"熟人社交"向陌生人的拓展，出现了"半熟社交"的新圈子；另一方面，社群圈子的拓展又能使人找到真正的知己或者合作伙伴，建立超越现实的信任关系。移动互联网加深了人与人的连接，通过智能手机即时社交、位置服务等硬件与软件的结合，让人与人之间的连接跨地域和本地化，线下和线上功能交融完善，人们的生活全面社群化。

微信的爆发式增长不仅体现在9亿多的大规模用户数量上，更体现在其集合社交、媒体、营销和电商一体化的平台战略实施能力上。以微信为代表的社群工具，在强化即时通信和社交分享的同时激发了自媒体的生产力和传播力，从信息分享延伸到生活服务，打通了产业链上下游，使虚拟世界和现实世界相互渗透，最大限度地释放了社群的商业价值和服务价值，并由此开启了社群经济时代（见图1-11）。

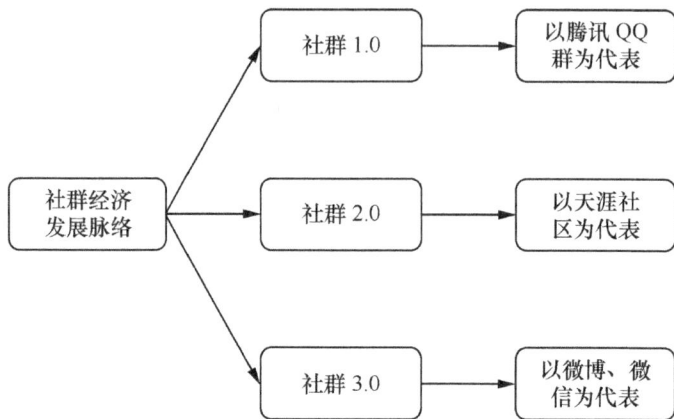

图 1-11　社群经济发展阶段及其代表

　　"社群 1.0"以 2002 年腾讯 QQ 群首创群聊形态为代表，以基于互联网的人群聚集、信息沟通为核心目的，如早期的 QQ 群、空间、贴吧、人人网和开心网等。

　　"社群 2.0"是基于相同兴趣的陌生人社群，在熟人社交之外，陌生同好成为常态。同时，由于运营者的差异化策略，逐步形成社群独有的归属感和文化效应，品牌号召力日益显著，如天涯社区、百度贴吧和豆瓣网。

　　"社群 3.0"以连接一切为目标，它不仅是人的聚合，更是连接信息、服务、内容和商品的载体，如微博、微信和陌陌等。

第 2 章

互联网思维和社群经济解构

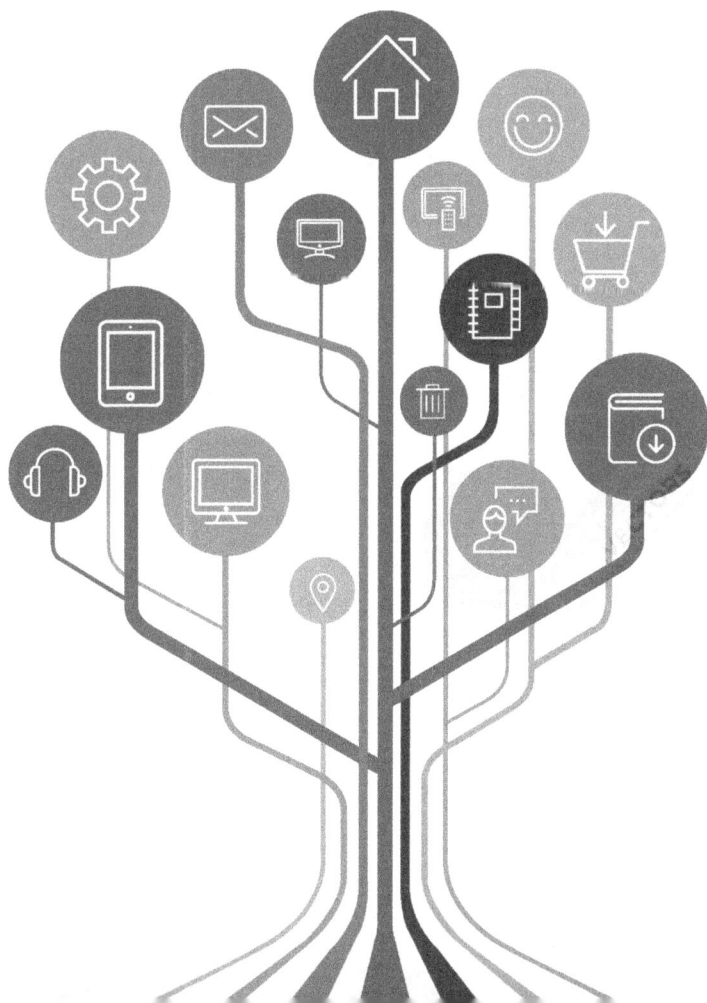

2.1 互联网思维

互联网的出现和发展改变了人们的生活习惯，一些行业不得不进行改变，甚至有一些行业已被淘汰。在这种情况下，要想真正转型，就要使互联网与传统行业相互融合，形成新的商业模式。而要想做到这些，首先就要改变思想。

回顾历史，任何社会变革往往先是观念上的变革。所以，企业要想实现互联网转型或者在互联网领域做出成绩，首先要对自己的观念进行变革。那么，如何做到观念的变革呢？答案就是要具备互联网思维。

2.1.1 互联网思维之用户思维

用户思维是互联网思维的核心，其关注的不再是"物"，而是"人"，即思维不再是聚焦在产品层面或市场层面，而是在用户本身。用户思维就是用心去满足用户整体需求的一种思维模式，这种思维模式的核心就是要在产品、服务和思想等各个层面满足用户的个性化需求。

用户思维具有三大特性（见图 2-1）。

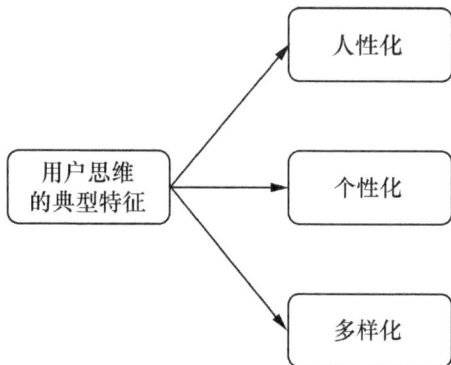

图 2-1　用户思维的典型特征

第一，人性化：基于特定的用户，在这个特定的用户身上直接体现关怀、友爱、信任、尊重和成就等人性化元素。

第二，个性化：不再局限于满足用户的大众化需求，而是发现和满足用户的特定需求。

第三，多样化：从多个层面、以多种方式来满足用户需求。此时的产品或服务不仅仅停留在物质层面，而且上升到了文化、情怀、精神和思想的层面。总之，用户获得的不仅仅是物质层面的满足，而且还有情怀、精神和思想等层面的满足。

让用户开心快乐，让用户的知识有收获、思想有提高、精神有升华，这才是用户思维的真谛。

用户思维是互联网时代的主流思维模式，它满足的是用户更高层次的需求。按照马斯洛的需求层次理论，需求分为生理需求、安全需求、爱和归属感需求、尊重需求和自我实现需求等五类，由较低层次到较高层次排列。我们可以更具体地将用户需求分为八种感觉，分别是体验感、优越感、参与感、快乐感、信任感、责任感、荣誉感和成就感（见图 2-2）。

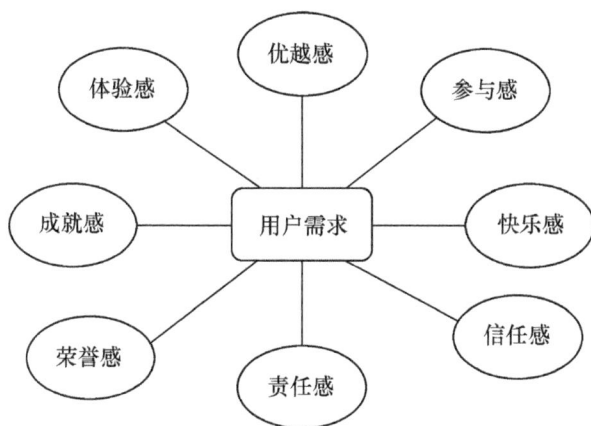

图 2-2 用户需求"八感图"

体验感是产品、服务带给用户的感觉。如果体验感能得到满足，就说明用户认可了这种产品或服务。体验感越高，产品或服务的附加值就越高。

优越感是用户在体验感获得满足后的一种更高层次的需求。例如，我能使用这样的产品或服务，或者能感受到这种产品或服务的特殊价值，旁人却感觉不到，这些就是优越感的表现。

参与感是更进一步的用户感觉，此时的用户进阶为生产者和创造者。所以，参与感已经脱离单纯的产品或服务，进入了人际关系互动和消费生产互动的层面。

快乐感的获得，更大程度是建立在参与感的基础之上。虽然好的产品或服务体验也能带给用户一定程度的快乐感，但那种快乐感是短暂的，而只有建立在参与感基础上的快乐感才是持续不断的。

信任感建立在参与感的基础之上，没有参与就谈不上信任。一旦进入参与的过程中，用户不仅是快乐的，还是被人信任的。用户如果获得了信任感，随之而来的就会是责任感。仅仅享受被信任的感觉而不承担责任是不可能的，所以责任感又将会建立在信任感的基础之上。

荣誉感是用户被重视后获得的更高层次的满足。用户被信任和被赋予责任，并且勇敢地承担起了这份责任，得到大众的认可和赞美，就获得了特别的荣誉感。所以，荣誉感也可以理解为大众对用户的认可和赞美。

成就感可以理解为用户对自己的认可和赞美。这种成就感是最高层次的，也就是人生的终极圆满。

但是，目前社会上流行的用户思维与本书所阐述的用户思维有较大差别。当前社会上自我标榜的用户思维大多只是站在用户的立场去设计和打造产品，说到底只是一种更人性化的产品思维而已。

案例：江小白白酒的用户思维

因受各种因素影响，近几年的白酒市场不容乐观。而在市场如此不景气的情况下，一个叫"我是江小白"的白酒品牌却在 2013 年横空出世，赚足了眼球，也填满了荷包。

江小白在推出之初并不被同行看好，甚至被取笑："白酒怎么能是这个样子？"品牌名称如此不着调，包装如此简陋，宣传语如此俗。然而，就是这样一个不被看好的新品牌，仅用一年时间就交出了一份令同行羡慕的答卷。江小白取得成功的要诀就是在用户体验上下足了功夫，大打情感营销牌。相比传统白酒品牌的"高大上"，江小白从一开始就将情感作为核心，整个品牌的策划和包装都显得情感味十足。

　　首先，"江小白"这个品牌名称本身就是高度拟人化且非常大众，叫响的瞬间就拉近了与用户的距离。

　　其次，为了进一步将江小白拟人化，团队还设计了一个与其对应的卡通人物形象。因为江小白的定位是青春型白酒，主要面向"80后"消费群体（这也是互联网的主要消费群体），所以这个卡通人物也以"80后"的形象出现：略长的黑色头发，韩范儿发型，黑框眼镜，标准漫画大众脸，白T恤配灰色围巾，外搭黑色英伦长款风衣，下身则是深灰色牛仔裤和棕色休闲鞋（见图2-3）。这样大众化的面孔和造型在生活中随处可见，每个年轻人都能在江小白身上找到自己熟悉的影子。"80后"群体的特点是有个性、喜欢自嘲、具有"草根情结"和文艺范，这些都是江小白的个性特征，也正是其品牌理念"人人都是江小白"的完美体现。

图2-3　"我是江小白"卡通人物

团队围绕"情感味十足"的定位进一步设计了"我是江小白"系列语录，使江小白的个性特点得到了完美的诠释，因而更加拟人化和接地气。例如，"我是江小白，生活很简单""关于明天的事情，后天我们就知道了""每个吃货都有一个勤奋的胃和一张劳模的嘴"……连同江小白的广告语也透着这种平民化和"草根"情愫："亲爱的@小娜：成都的冬天到了，你在北京会冷吗？今天喝酒了，我很想你。一起喝酒的兄弟告诉我，喝酒后第一个想到的人是自己的最爱。这叫酒后吐真言吗？已经吐了，收不回来了。"

江小白正是用这种和以往品牌完全相反、看似不合理的用户定位，在白酒市场非常不景气的情况下成功实现了"逆袭"。

2.1.2 互联网思维之产品思维

产品思维是指用产品的形态来有针对性地满足用户需求的一种思维模式。这种思维模式的特征是将多维度的思路经过梳理过滤后，最终聚焦在产品上，力求以产品的新颖性、实用性和便利性在最大限度上满足用户的需求。

产品思维有以下三个典型特性（见图 2-4）。

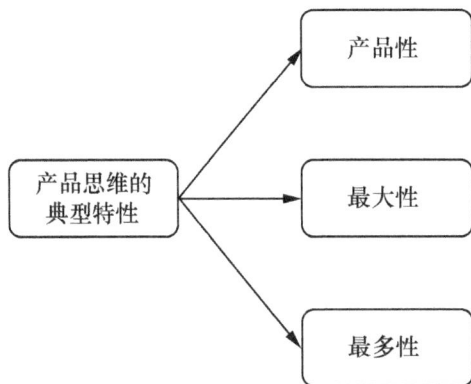

图 2-4　产品思维的典型特性

第一，产品性，即思维模式基于一个特定的产品，由这个具体的产品来体现价值和意义。

第二，最大性，即产品的功能应该能够最大限度地满足用户的多种需求。

第三，最多性，即产品的共性化程度可以尽可能多地满足不同用户的需求。

产品思维是工业时代的典型思维模式。在工业时代，统一性和标准化有利于提高生产力水平。任何产品要想适应机械化流水线生产，就必须达到一定数量。数量越大，产品的生产成本越低，市场竞争力才会越强。只有产品能够满足的用户量越大，所需数量才能越大。这就要求产品功能的覆盖面尽可能大，才能让有不同功能需求的用户都愿意选择这款产品。

由此看来，在产品思维下，无论我们如何强调用户需求、强调人性化，也很难真正做到。因为我们根本关注的还是产品，其核心价值的体现是功能最大化和用户最大化，就必然无法满足用户的个性化需求和差异化需求。这就是产品思维比较明显的局限性。

案例：海尔的转型之作——海立方

在向互联网转型的道路上，海尔一直走在行业的前端，其转型的重点项目之一就是结合众筹、用户交互、C2B 定制和孵化器等模式于一体的产品创新平台——海立方（见图 2-5）。

在海立方平台上，任何创业团队或个人都可以提交项目，用户可以针对感兴趣的项目进行互动、评论、打分，对产品进行实物评测、预订，甚至参与众筹。这个平台就是一个孵化器，使海尔用很少的钱就收获了大量的好项目、好想法和好创意。而通过用户对这些想法和创意的点评，海尔能提前了解用户的需求，相当于做了市场调研。再结合众筹和预售等模式，开发费用也得到解决，最后让用户参与产品的研发、评测等环节，不断对产品进行完善。在此基础上，海尔提供相应的生产供应链资源、专家资源、渠道资源、资金支持等，通过对各种已有专业资源的整合，最终培育出更接地气、更受用户喜欢的产品。

图 2-5　海立方平台界面

2.1.3　互联网思维之数据思维

互联网成为每个人连接外部世界的主要通道，大量信息形成的大数据洪水顺着互联网通道汹涌而至，信息技术让人们的精神世界和物质世界高度地融合。

互联网不但让实物财富变成了数据，也让知识和创意变成了巨大的商业利益。随着越来越多的生产要素、生产场所和生产活动被搬到互联网，数据本身也成为一种重要的资源。

在互联网时代，得数据者得天下，拥有核心数据的行业龙头企业依靠强大的数据积聚和处理能力形成新的垄断形态。这些行业龙头企业利用信息优势占据产业链的主导地位，信息资源成为它们左右产业链资源配置话语权的利器（见图 2-6）。因此，企业有意识地对自身业务数据进行积累和利用，是决定企业命运的竞争手段。

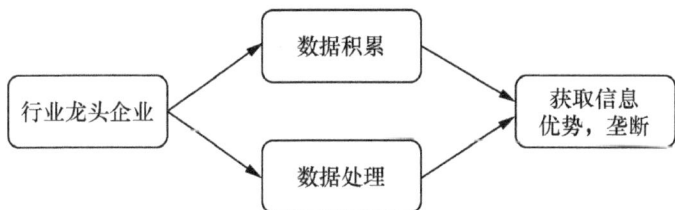

图 2-6　行业龙头企业的数据垄断

数据既可以用于了解历史和分析现状，也可以用于预测未来。随着互联网发展而形成的庞大数据资源让人们对各种事物的演变过程拥有更全面、更深入的认知，对未来作出预测判断不能仅仅依靠玄虚言辞，还需要获取客观的数据加以支撑。实践证明，对于各种预测活动而言，数据越具体就越有效。

互联网时代，企业的边界正在消失。由于可以让用户和供应商建立直接的连接，消除中间环节的交易成本，互联网有可能取代传统的企业组织成为一种更高效的市场资源配置机制。因此，企业要想活得好，必须学会站在用户和供应商的角度来思考问题，把自己打造成一个多边参与的开放平台，通过互联网采集到的海量外部数据治理好自己，这样才能无往不利。

案例：微博第一大号的成功之路

提到微博，不得不说到业内公认的微博第一大号"冷笑话精选"（见图 2-7）。作为新浪微博最早成名的账号之一，它一度是"草根"账号中排名第一的大号。截至 2015 年 3 月，其新浪微博粉丝数量达到 1300 多万，腾讯微博粉丝数量达到 1100 万，粉丝数量加起来比某些国家的人口数量还要多。在收入方面，据说 2011 年达到 2000 万元。

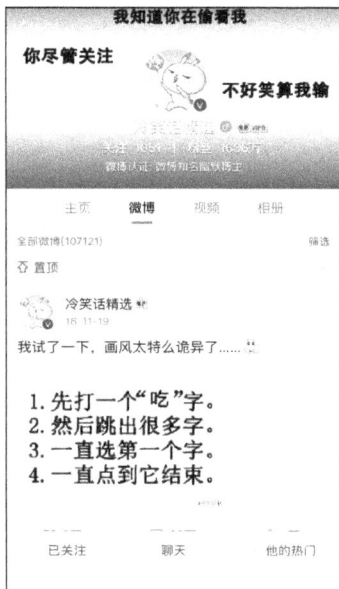

图 2-7　微博第一大号"冷笑话精选"

　　这个账号是如何取得成功的呢？2009 年 5 月，尹光旭（"冷笑话精选"的创始人）决定与 3 位高中同学一起创业，目标是做出一个成功的豆瓣小组"我们很爱创意"。他和 3 位创业伙伴先注册 100 个"马甲"账号，每个"马甲"账号加 5 个好友，这 500 个好友中会有相当一部分反过来加"马甲"账号为好友。依靠这种比较原始的方法，大概三个月后，"我们很爱创意"成为豆瓣小组第一名。当时豆瓣上最大的小组经过好几年的积累才有 15 万组员，而尹光旭的几个小组组员数量加起来很快就达到了 20 万。广告主们很快表示希望投放广告，就这样"我们很爱创意"每月收入达到 1000 ~ 2000 元。

2009 年 6 月，尹光旭到号称拥有百万注册用户的"饭否"注册。当时"饭否"排名前十的账号粉丝最多不超过 3000 人，尹光旭通过在豆瓣积累的经验一天就做到了"饭否"第一。他用一个晚上的时间注册了 3000 个小号，然后用这 3000 个小号关注自己新开的主账号，让主账号的粉丝数量一夜飙升到第一。

2009 年 8 月 28 号，新浪微博内测。10 月，尹光旭一口气注册了 100 个微博账号。11 月，新浪微博注册用户数量超过 100 万。2010 年 2 月，尹光旭把重心从有固定收入的豆瓣小组转移到新浪微博。

"冷笑话精选"的运营思路如下。

第一，找准定位。

尹光旭很好地运用了大数据思维。据他的分析，在互联网发展早期，笑话类网站的流量很大。而当时豆瓣上笑话类的小组也做得很好，他相信历史会在新浪微博上重演，所以注册了 10 个与笑话有关的微博账号。

第二，选取内容来源。

尹光旭从各大笑话网站取材，加工成 140 个字的"微博体"发到新浪微博上，一周后发现"冷笑话精选"账号吸引的粉丝最多，于是逐步将其作为主账号。

第三，突出内容特色。

尹光旭是"草根"微博里第一位将文字与精美图片结合起来的博主。当时大部分微博只有一条文字信息，略显枯燥，而他将配图做得很精美（见图 2-8），取得了良好的效果，并引起诸多博主竞相模仿。

第四，互粉和转发。

尹光旭用自己的微博账号去加 2000 个粉丝为好友，就会有 800 ～ 1000

个粉丝反过来加他为好友。而且，尹光旭会选择粉丝比较多的账号加为好友，想办法利用其影响力。例如，姚晨曾帮他转发过一次，一下子就给他带来了2000个粉丝。

图 2-8　"冷笑话精选"微博内容

2.1.4　互联网思维之自媒体思维

2011年，李开复写了一本书，名叫《微博：改变一切》。他在书中说："在微博时代，如果你有100个粉丝，就相当于办了一份时尚小报，可以在朋友圈子里享受被尊重和被阅读的乐趣；如果你有1000个粉丝，相当于一份海报；如果你有1万个粉丝，相当于创办了一本杂志；如果你有10万个粉丝，相当于创办了一份地方性报纸；当粉丝数量增加到100万，你的声音会像全国性报纸上的头条新闻那样有影响力；如果你有1000万个粉丝，你就像电视播音员一样，可以很容易地让全国人民听到自己的声音。"

有位叫程苓峰的媒体人从2013年开始在他拥有6万粉丝的微信公众号上

顺便卖广告，一个月收入6万元，最高时一个月收入20万元。而他所做的就是每天用三个小时写几篇文章，然后发送给他的订阅用户。

自媒体又称为"公民媒体"或"个人媒体"，是指私人化、平民化、普泛化和自主化的传播者，以现代化、电子化的手段向不特定的大多数或者特定的个人传递信息的新媒体的总称。自媒体平台包括博客、微博、微信、百度贴吧和论坛等网络社区，其中主要是微信与微博（见图2-9）。

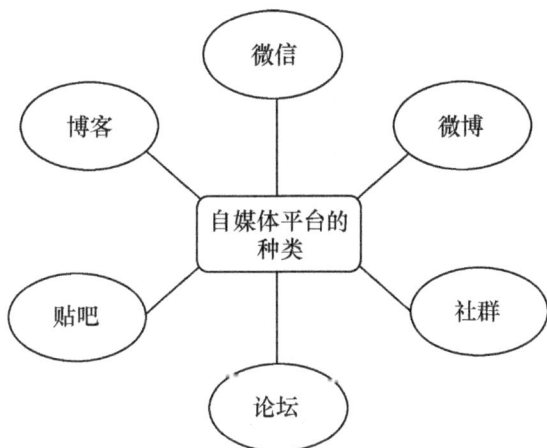

图2-9　自媒体平台的种类

自媒体时代，声音来自四面八方，每个人都能从独立获得的资讯中对产品和服务作出判断。也是鉴于自媒体的影响力，越来越多的企业开始形成自媒体思维。企业自媒体就是企业建立的自己的媒体平台，企业将网站、微博、微信、博客和搜索等媒体整合起来为自己服务。

十多年前，电视上经常出现的脑白金广告造就了脑白金这个品牌。许多人认为是史玉柱的营销策略和电视广告做得好，其实是那个时代造就了脑白金营销奇迹。因为十几年前的网速不快，手机还不能上网，老百姓吃完饭就只能看电视，当电视广告中总是出现摇摆的老头老太时，广告效应就出来了。

到了 2014 年下半年，电视产业受到移动互联网的巨大冲击。首先是看电视的人少了，电视收视率降低了近 40%。也就是说，原来有 100 万人看的广告，现在只有 60 万人看。其次是互联网电视增多，观众可以跳过广告，广告效应也就大大缩水了。所以，脑白金的广告如果放在今天就不一定能成功。

现在的企业将微信公众号、微博等作为主要的自媒体，通过基于手机平台的营销来塑造品牌形象、传播企业情怀，从而实现品牌传播。得益于移动互联网的发展，企业可以在任何时间、任何地点经营自己的媒体，使信息得以迅速传播，时效性因而大大增强。

自媒体作品从制作到发表，其速度和效率是传统的电视和报纸媒介无法企及的。自媒体能够迅速地将信息传播到受众中，受众也可以迅速地对信息传播的效果进行反馈，这种零距离的强大交互性是任何传统媒体望尘莫及的。随着移动互联网的发展，企业将会在自媒体上大展拳脚，提高品牌影响力。

案例：可口可乐的文艺新包装

曾经风靡一时的碳酸饮料可口可乐近年来在中国市场受到了严峻的挑战，其销量每年都在下降。从经销商和行业协会反馈的数据来看，30% 的下降率是比较精准的。究其原因，除了"90 后"和"00 后"等年轻一代对碳酸饮料不感兴趣以外，作为主力消费群体的"70 后"和"80 后"对碳酸饮料也不那么热衷了。再加上各种新型产品不断兴起，可口可乐的市场也就受到蚕食和压缩。

在这种情况下，为了迎合年轻消费者，可口可乐于 2013 年推出了针对中国市场的新包装。在其一贯的红色包装上，"可口可乐"四个大字已经退位，取而代之的是诸如"文艺青年""小清新""型男""纯爷们"等网络流行语（见图2-10）。除此之外，这些大字上面还写着一行小字——"分享这瓶可口可乐与你的"，配合下面的大字就会形成类似"分享这瓶可口可乐与你的女神""分享这瓶可口可乐与你的天然呆"等语句。

图2-10 可口可乐新包装上的网络流行语

对于可口可乐的这次大胆尝试，消费者反应不一。有些消费者表示可口可乐的新包装"萌死了，很有爱""看到就想买"，也有些消费者觉得"山寨味太浓""一开始还以为是假冒产品"。无论如何，可口可乐的这次尝试非常有意义。传统的产品包装上都是产品的名称、成分、注意事项、企业信息等格式化内容，而可口可乐此举结合"90后"的思维，将一些流行元素和文化体现在包装上，使产品包装变成了自媒体，让消费者能够从中产生共鸣或争议，因而传递了情感上的信息。

2.1.5　互联网思维之跨界思维

跨界是互联网时代的思维转变趋势，与其相对应的是价值发现思维。传统工业时代，企业的价值通常是通过设计产品、采购原料、加工生产、包装储运、市场销售和用户购买这种线性模式来实现（见图 2-11）。在这种模式下，企业遵循的是产品提供者与产品消费者之间的单面市场法则。

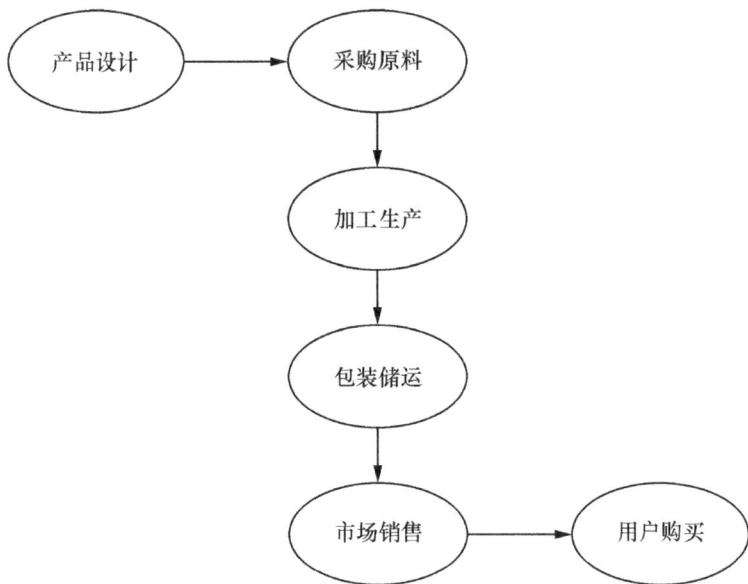

图 2-11　传统工业时代的企业价值变现流程

从互联网思维的角度看，双面市场甚至多面市场成为了时代的核心。例如，谷歌、百度为用户提供准确且便捷的搜索查询服务，Facebook、新浪微博向用户提供社交服务，虽然他们并不向用户收费，但巨大流量所蕴含的广告价值及衍生的其他商业价值，则远远超过传统商业中的单一产品价值。这也是许多传统企业面对互联网思维不堪一击的主要原因。

跨界思维的核心是价值发现思维，当你为新的利益相关方提供了价值，原有模式的颠覆就变得顺理成章。人们经常提到的"羊毛出在牛身上，却由猪埋单"就是价值发现思维的最佳诠释。

由于互联网思维的运用，通常会产生一些跨界竞争的现象，这类企业的出现往往会同时辐射和冲击到之前与它们定位不一样的厂商。例如，小米在向高端辐射的同时也吸引了部分低端用户，辐射到了低端手机厂商；余额宝本质上是一个货币基金，但它引发了和银行业的竞争；雕爷牛腩对高端和低端的餐饮业都产生了一定程度的冲击；特斯拉包含了用户跨界和行业跨界两种类型，由于整车都是智能化设计，从未来的趋势看，引发跨界竞争的行业可能会更多。

案例：雕爷牛腩的跨界之路

淘宝化妆品第一品牌阿芙精油创始人雕爷进入餐饮业创办了雕爷牛腩餐厅（见图2-12）。虽然是这个领域的新手，但雕爷牛腩开业两个多月就实现了所在商场餐厅单位业绩第一名。而且，尽管餐饮是传统行业，但从产品定位到网络营销传播，雕爷都把互联网的玩法嫁接到雕爷牛腩餐厅的运营中，开始了O2O餐饮的征程。

第一，产品定位——少而精。

真正意义上的O2O从产品定位开始就是互联网模式的。一家好的餐厅不在于菜品数量的多少，而在于产品的精致与用户体验的不断优化，雕爷牛腩只有12道菜品。同时，雕爷也将网游封测活动模式运用到了餐厅经营中，除了测试服务，还可以优化产品。雕爷牛腩在开业前足足搞了半年的封测活动，邀请各路明星、微博大号、美食达人免费试吃，每道菜品在众多名嘴的试吃中不断优化。而且，在活动过程中，雕爷也挑选了比较优质的供应商。

图 2-12　雕爷牛腩餐厅美食

第二，营销推广——用微博引爆流量。

网络营销的核心是流量，有了流量就有了一切。在餐厅的封测期间，只有受邀的人才能来吃。而这些人往往会发微博或者微信说说自己的消费体验。这就在制造餐厅神秘感的同时又创造了良好的口碑。

第三，互动——用微信维护老用户。

在创办阿芙精油时，雕爷从用户的反馈中尝到了甜头。因此，在经营餐厅的过程中，雕爷同样也重视用户的反馈。他每天盯着微博、微信等平台，一旦发现有用户不满意的地方就立即进行处理。只要用户说不好吃的菜，这道菜一定会从菜单中消失。雕爷这种亲自当客服、每天处理差评的行为给所有员工树立了榜样，让每位员工认识到重视用户反馈是本职工作。

网络营销中，微博一般是用来引爆话题的工具，而微信则是维护老用户的重要渠道。如果有新菜品，餐厅会通过微信通知老用户，有图片、有文字、有口味描述，而这些不会在微博上发布，以此体现老用户的专属性。餐厅的 VIP卡也是建立在微信上，用户要关注雕爷牛腩的公众号并回答问题，通过后才可以获得身份。虽然这种玩法在网上很常见，但对于实体餐厅来说还是很有新意的举动。

通过上述三方面的分析，我们可以看到雕爷牛腩的跨界营销能取得成功绝非偶然，多年的淘宝店运营经验让雕爷利用网络营销的共性实现了淘宝与餐饮的共赢。

2.1.6　互联网思维之迭代思维

有一个移动互联网思维名词叫作迭代思维。迭代就是快速地更新升级，例如苹果手机推出 iPone4 和 iPone4S，接着是 iPone5 和 iPone5S，然后是iPone6、iPone7。小米手机也是如此，推出了小米系列，不断进行优化升级。

任何产品都会有自己的不足之处，只有不断地改进和完善，才能不被淘汰。任何一家互联网公司都必须快速创新，因为互联网时代是一个快鱼吃慢鱼的时代，而不是大鱼吃小鱼的时代。

小米创始人雷军总结的成功七字诀为"专注、极致、口碑、快"。最后一个要诀就是"快"，"快"可以包括很多问题。例如做软件，当少数用户发现问题时已经完成更新，就不会影响所有的用户。当企业发展时，快往往可以把所面临的风险降到最低，而速度一旦慢下来，所有的问题就都暴露出来了。所以，在确保安全的情况下，提速是所有企业需要解决的关键问题。

软件每更新一个版本就是一次迭代，传统企业中对产品的研发升级也是迭代。在互联网环境下，迭代不仅限于产品的开发，更是一种思维方式。这样的道理，无论是互联网的创业者，还是传统企业的管理者，都需要明白。

案例："三只松鼠"食品

"三只松鼠"是由安徽三只松鼠电子商务有限公司于 2012 年强力推出的第一个互联网森林食品品牌（见图 2-13），代表着天然、新鲜以及非过度加工。上线仅 65 天，销量就在淘宝、天猫坚果行业跃居第一名，在花茶行业跃居前十名，其发展速度之快创造了中国电子商务历史上的一个奇迹。

图 2-13 "三只松鼠"卡通宣传

2012 年天猫"双十一"大促中,刚成立 4 个月的"三只松鼠"当日成交额达到近 800 万元,一举夺得坚果零食类目冠军宝座,并且在约定时间内成功发完 10 万笔订单,取得了中国互联网食品销售的历史突破。2013 年 1 月,"三只松鼠"单月业绩突破 2000 万元,轻松跃居坚果行业全网第一。

由于互联网极大地缩短了厂商和用户的距离,"三只松鼠"定位于做"互联网顾客体验的第一品牌"。产品体验是顾客体验的核心,根据顾客的体验反馈不断研发升级产品,这就是"三只松鼠"坚持做"互联网顾客体验的第一品牌"和"只做互联网销售"的原因。

"三只松鼠"创始人章燎原认为,线下好一点的企业在网上的评分反而低,其不受欢迎的原因是根本不了解用户,不知道如何迭代升级产品,这就是传统企业被颠覆的原因。

2.2 构建社群的心理特征

构建一个可以指数级增长的社群是所有目标远大的创业者和企业家的梦想。通过一个远大的目标或者使命将一群有梦想的人聚集到一起,在仅有一个想法的阶段就能与一群热心人一起研究,并不断地把身边有同样愿望的人吸收进来,让他们为了所共同遵循的使命热忱付出并影响越来越多的人。

然而,社群作为群体有着与个体截然不同的情绪模式和心理特征。正如《乌合之众》一书中所说的那样:"无论组成群体的个人是谁,不管他们的生活方式、职业、性格和智力是不是一样,他们被转变为一个群体这一事实,便使他们拥有了一种集体心理,这种集体心理使得他们在感受、思考和行动时,其方式完全不同于每个个体在孤立状态下感受、思考和行动时所采取的方式。"
如何把握这些群体特征，更有效地让社群朝着积极、健康的方向发展，进而
获得指数级发展，达到以往组织形态完全无法达到的目标呢？我们需要掌握
以下几点社群心理特征。

2.2.1　社群的情绪特征：易冲动、易暗示、易夸张

社群是聚合起来的一群人，这群人所具有的心理特征区别于单个人所具有
的特征，主要包括易冲动、易暗示和易夸张。社群比个人更容易情绪化，如果
说个人在决策时往往会受到感性的影响而作出非理性的判断，而社群的决策则
毫无理性可言，完全受到情感和情绪的影响。根据这个心理特征，社群所提出
的使命和目标就一定要能够极大程度地激发人们强烈的情绪，引起情感共鸣。

要使群体信服社群所提出的使命和目标，我们首先必须透彻地理解他们的
情绪兴奋点并让自己也处于此兴奋点上，通过初步联想提出暗示性的概念，借
此改变他们的想法以便能够控制言论所引发的情绪。研究证明，群体不受推理
的影响，只对不同的观念进行胡思乱想。

2.2.2　社群的道德特征：合作、无私、奉献

《企鹅与怪兽》一书中指出，越来越多的证据表明人类在很大程度上更善
于合作、更无私。社群运营者要依靠参与、沟通来激励社群成员，让大家拥有
共同的目标和认同感。越是有生命力的社群，社群的基调越是倡导分享、合作
和奉献。社群要帮助成员展现出协作和慷慨的一面，而不是认为自己的行为都
是出于自利。如果试图基于利己主义构建体系，如物质奖励或惩罚，有时会适

得其反，导致事与愿违的结果。

正如王阳明所提出的"致良知"，每个人生来便有明辨是非和区分善恶的能力。当社群激发出人们内心的良知，即建立起群体道德感之后，社群将表现出极高的道德感，例如，克己和对公平的诉求等。这时候社群所做出的奉献、牺牲等行为，比个人所能做出的行为更加有价值。

社群主义代表人物麦金泰尔提出的"德性社群论"证明了这个观点，他提出真正的社群必须具备以下几个特征：

第一，社群要有全体成员都追求和共同分享的目标；

第二，社群成员要有情谊；

第三，社群必须有一个贯穿过去和未来的整体道德计划。

因此，当一个社群是从伦理道德的角度来建构时，对其他社群来说就是降维打击。

2.2.3 社群的群体效仿特征：群体效仿的连锁反应

《完美的群体》一书中举了一个"无形的领导者"的案例。在川流不息的人群中，倘若最开始只有一个人驻足凝视街边商店的橱窗，将会有约40%的路人停下来一同注视；当有两个人注视窗口时，这个比例会上升到60%；当有五个人注视窗口时，这个比例则能上升到90%。路人的这个特征被叫作"群体效仿的连锁反应"。

根据这个理论，社群的领导者或领导小组可以在不被发觉的情况下从内部引导群体向着一个目标前进。在社群中，领导者要和志同道合的朋友或同事一起做引导工作，但注意不要让群体中的其他成员发觉，只要引对方向，剩下的就交给群体法则来完成。

《乌合之众》一书中也指出，一定数量的活物（不管是动物还是人）一旦聚集在一起，马上就会本能地把自己置身于一位首领的权威之下。首领虽然只是一个小头目或煽动者，但他实际上扮演着相当重要的角色——他的意志是核心，群体的意见围绕这个核心并获得一致性。社群中形成的意见领袖往往会利用这个理论对社群的发展方向产生影响。

2.2.4　社群的社会懈怠与去个体化特征

当群体无法对个体进行评价或个体无须为某件事单独负责时，更容易发生社会懈怠现象。但是，当任务具有挑战性或具有吸引力时，群体成员的懈怠程度就会减弱。所以，让群体为一个有挑战性的目标而奋斗，可以提高社群整体的努力程度。

在某些特定的情境下，人们可能抛弃道德约束，忘记个人的身份而顺从群体规范，出现去个体化现象。例如，暴力团伙的规模越大，其成员就越有可能失去较多的自我意识而更乐于去做坏事，因为所有人都会把其行为归因于情境而不是自己的选择。

斯坦福大学巴奈特教授曾提出"红色皇后理论"，他认为竞争是最好的学习方式，一旦没有竞争，组织内部和外部的学习必然停滞。没有竞争，就意味着创新的死亡。为了避免出现社会懈怠和去个体化现象，社群需要不断地设定有挑战性的目标，并且应鼓励成员竞争，以打破社群的平衡。社群只有不平衡才可以生存。因此，社群领导者不要做控制者，而要做平衡的破坏者。

打破平衡，打破边界，从封闭到开放，让社群适度失控，就是激发社群活力，让社群得以自生长的关键。

2.3 社群经济解构

在传统媒体时代，人们依靠日常生活和工作来建立连接，企业与用户依靠单向式媒介进行沟通互动。到了互联网时代，人们依靠网络和大数据来建立连接，基于大数据追踪和准确投放的广告实现了精准化营销。当下，人们更喜欢对话式的情感营销以及实实在在的东西，这一切都是因为互联网的人本主义回归。而社群经济就是人本主义回归的最好载体，同时也是新型的商业形态。

2.3.1 社群重新定义新经济

腾讯副总裁汤道生认为，中国互联网发展的历史就是一部社群的演进变迁史，从最早的 BBS、QQ 群，到后来的贴吧、微博，再到现在的微信、QQ 兴趣部落等，社群从未止步。手机 QQ 在腾讯移动社群战略中扮演着连接器的角色，不仅连接人与人，而且把社群与服务连接起来，打造更广阔的商业生态。

QQ 用户中 "90 后" 和 "00 后" 占有 52%，他们每天至少翻看智能手机 50 次。这个年龄层群体的特点是生活富足，自我需求被认同。面对一个认知盈余的互联网时代，如果说 "80 后" 的诉求是找身边的人，那么 "90 后" 和 "00 后" 的诉求就是找同类。这意味着如果想获得 "90 后" 和 "00 后" 的青睐，就要与他们成为同类。

从用户属性来看，"90 后" 和 "00 后" 群体中最强的互动并不在好友之间，而是在同好之间。在 QQ 兴趣部落，1522 万名喜欢自拍的用户聚集成了自拍部落，13670 万名骑行爱好者聚集成骑行部落。QQ 兴趣部落是基于兴趣图谱发展而来的移动社群产品，它不是为亲友和相识的人建立的社交入口，而是突破了时空甚至代际差别的限制，将有共同兴趣的人连接在一起的组织。

在移动社群的浪潮下，QQ 兴趣部落发布仅两年就累计产生超过 20 万个部落，拥有亿级的月访问量。目前，腾讯 QQ 每天有超过 30 款应用服务着数百万个社群，未来这个数量将呈现几何式上升。而且，腾讯将开放社群开发接口给第三方开发者，他们可以利用的资源将是腾讯的亿级流量、支付、数据分析、快速接入和广告变现等。

当下社群类电商更具有黏性。一方面，基于社群的互动、问答和评论，用户更容易对商品或服务质量进行动态评估，用户和企业更容易建立起即时连接。另一方面，移动社群的价值开发空间巨大。据悉，当前仅有 16.4% 的用户通过社群渠道参加陌生人组织的线下活动，仅有约 20% 的用户在网络社群有过消费行为，未来发展空间可谓巨大。

信任是社群经济的核心要素，面对社群中陌生的个体，建立起相互之间的信任和长期的互动需要持续且漫长的过程。移动互联网的出现降低了人与人之间的信息传递成本，而社群的诞生则降低了人与人之间的信任成本。因此，那种寄希望于走捷径——短时间内通过金钱的手段融入社群之中的想法是不切实际的。

社群经济是传统意义上大众经济学垂直细分的结果，使曾经泛泛而论的经济角色细分被具有个性化色彩的经济角色细分所取代，进而诞生了更多的小众群体和自成一体的经济自由体。这预示着曾经普遍面向大众的经济现象和规律被重新定义，同时也催生了基于社群经济模式的技术、平台、商业模式、社交方式、协作关系和交流模式的新变革。每一次旧秩序的打破都意味着新机会的不断涌现，社群经济模式已经成为了移动互联网浪潮下不断颠覆发展和重新洗牌的新趋势。

如果要给移动互联网时代的社群经济下个定义，可以如此解释：基于移动社交平台，遵循某种兴趣图谱，为特定目标群体提供产品和服务，激发粉丝参与，通过社群运营形成可持续性的产品价值和情感价值的生产和消费。移动互联网不仅仅是一种技术应用，更是一种人们用于感知世界的方式，是人们思想的延伸，无时无刻不在线、随时随地地连接成为人们普遍的生活方式。而移动社群也不仅仅是一种产品应用，更是人们获取信息、交流、学习、沟通情感和日常消费的普遍生活状态。社群的便捷性和社交的普遍性最大限度地释放了社群的价值，社群的功能更加多元化，对整个社会的生活方式、消费模式、商业规律和品牌营销产生了颠覆式的影响。当社群变得无处不在时，社群经济的时代已经来临。

2.3.2 社群经济是新型商业形态

在传统媒体时代，企业基于媒体的价值进行广告投放，根据媒体的发行范围、发行量和收视率等数据对媒体价值进行评估，进而和传统媒体进行商业交易。

到了互联网时代，企业的推广可以直接围绕以数据追踪和已经分类的个体用户来展开。网络聚合了大量的用户及其行为数据，企业可以对个体用户进行动态追踪和精准定位，针对历史数据分析其消费需求和习惯，进行具有针对性的广告推送，再根据广告效果精准评估，及时调整广告策略。这个过程完成了从媒体价值到用户价值的转变。

社群经济阶段，企业不仅要精准地找到用户，还要实现和用户的即时互动，及时了解用户的兴趣和情绪等相关信息。企业可以通过本地化路线实现销售场地化，满足用户不断变化的消费需求；还可以根据社群的特点找到社群用户的兴趣点，实现定位营销。在这个阶段，厂家、社群平台和用户能够全流通式实时连接，彻底改变了企业的战略布局，开启了全新的商业模式。

社群经济是继工业经济、体验经济之后的新型商业形态，对企业的生产模式、技术模式和销售模式等产生了颠覆性的影响。将来，这种新型商业形态会有很大的发展空间。

2.3.3　社群经济是人本主义的回归

当今社会是一个工业化时代，遍布着以工业化思维建设的城市。工业化吞噬了社会的组织模式、情感模式和生存模式，在汽车产业大发展的同时造成了城市的拥堵；在食品工业化大发展的同时，食品安全也是困扰着人们的问题；同样，人们有钱出去旅游的同时，也造成了对旅游资源的过度使用和交通拥挤。

当社会越来越发达时，人们突然发现，时间不知道去哪儿了，健康不知道去哪儿了，亲情不知道去哪儿了。人类的线性需求供给模式亟需改变，人类需要解决自我本性实现和线性工业时代之间的矛盾。

在社交网络里，以往看似"高大上"的硬广告几乎消失。人们更喜欢对话式的情感营销，更喜欢实在的、本质的东西。这一切都是因为互联网的人本主义的回归，社群经济恰恰是人本主义回归的最好载体。

　　社群经济是人本主义的回归，是现代工业社会的重构和再组织。社群经济下的社会是一切尽量分享、一切尽量平台化和一切尽量粉丝化，社群经济衍生出的分享经济、粉丝经济、团购经济和众筹众包等已经让人惊叹。相信随着创新模式的不断涌现，社群经济将会成为主流的经济形态。

第 3 章

玩转社群营销

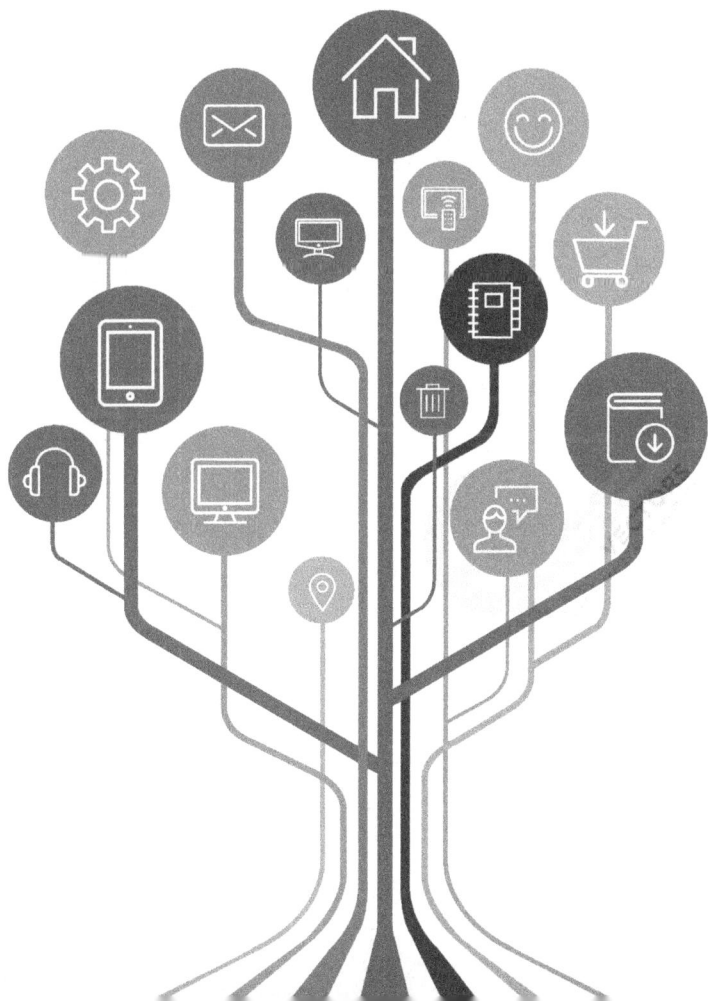

3.1 社群经营的五个步骤

社群是由一群拥有相同兴趣爱好的人组成，所以社群的建设和经营必须抓住社群成员共同的兴趣点，从社群本身的特色出发，从用户的共同需求出发。以此来看，经营好社群需要以下五个步骤：

第一，聚合粉丝是基础；

第二，策划活动，让粉丝参与是重点；

第三，线上和线下的联动是关键；

第四，打造核心社群是目标；

第五，沉淀社群文化是终点。

3.1.1 聚合粉丝是基础

在 2015 年 8 月的腾讯移动社群大会上，财经作家吴晓波指出："社群是互联网送来的最好的服务。有了 QQ 以后，人们开始摆脱真实身份和地域的局限，可以在虚拟的世界里重新构建朋友圈，重新设定身份，重新建立社交关系和商业关系。我觉得这是互联网公司在过去十几年里带给中国的最大变化。"
吴晓波是社群经济的受益者，除他之外，还有很多品牌或个人通过社群成为中
国商业的新崛起力量。

社群发展的每一个阶段都具有不同的特点（见图3-1）。"社群1.0"以
2002年腾讯QQ群首创群聊形态为代表，以基于互联网人群聚集、信息互通
与传递为核心目的。"社群2.0"是基于兴趣的陌生人社群，熟人社交之外的
陌生同好交流成为常态。同时，由于运营者的差异化策略而逐渐形成社群独有
的文化效应和归属感，品牌号召力日益显著。"社群3.0"则以社群连接一切
为目标，不仅实现人的聚合，更成为连接信息、服务、内容和商品的载体。无
粉丝，不社群。作为人与人的聚合体，缺少了真实粉丝的存在，社群自然无从
谈起。所以，创建社群首先要吸引粉丝的注意力。借助不同的平台汇集粉丝，
打通与社群之间的通道，才能完成社群的建设。

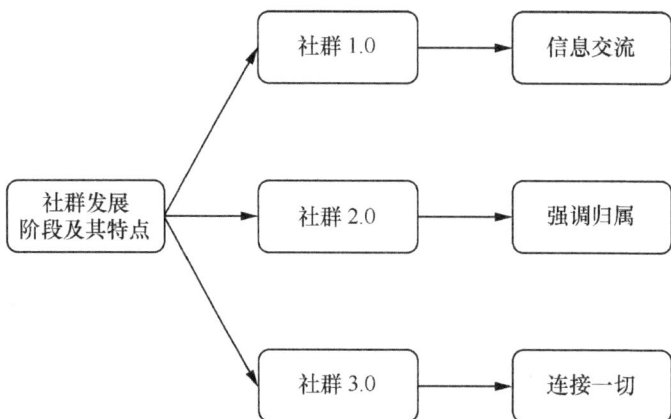

图3-1　社群发展阶段及其特点

案例：虎扑体育

虎扑体育成立于 2004 年，在中国是资源优势较大、实力较强的体育营销公司，旗下拥有体育网站——虎扑体育网。经过十几年的积累与发展，虎扑已成为集体育营销策划、赛事营销与管理、活动管理和公关传播等为一体的体育整合营销机构，为各大品牌、企业与机构提供全方位的体育营销服务。

2015 年，虎扑体育的创始人杨冰在回答关于社群的提问时做出了这样的解读：与"社群 1.0"和"社群 2.0"时代相比，"人"的概念在"社群 3.0"时代得到了显著提升。如果说"社群 1.0"时代和"社群 2.0"时代的社群主要集中于信息接收和话题初级讨论上，那么在"社群 3.0"时代，所有用户将会实现更大的目标——创造，这是新时代的商业模式。

3.1.2　策划活动，让粉丝参与是重点

作为社群，聚合粉丝是第一步，之后的重点是策划活动，让粉丝参与。此时需要明确以下问题：

第一，明确活动目的，要知道为什么举办这样的活动，活动想达到什么效果；

第二，拟定活动安排的时间计划表；

第三，活动前一周为宣传期，达到何种宣传的预期效果；

第四，活动是否有话题性的主题吸引用户参与互动；

第五，活动采用线上模式还是线下模式。

明确以上五个问题后，作为活动组织者还需做到以下三点：

第一，理清活动传播的目的；

第二，定位好传播的人群；

第三，规划好活动，拒绝杂乱无章。

活动组织者要记住以用户需求为中心，从不同角度，以不同形式对活动进行定位，只有这样才能激发粉丝的兴趣，吸引粉丝参加。

案例：知乎

知乎从 2013 年 3 月开始开放注册。在此前的两年多时间里，知乎认真而低调地完成了开放注册所需要的基本工作：完善社区机制，培养社区氛围，保障种子用户及活跃用户的数量与质量，同时沉淀了一批高质量的问题和答案（见图 3-2）。

图 3-2　知乎主题界面

开放注册后，随着越来越多的人加入，知乎又适时地通过推出 Android 用户端、知乎日报用户端和出版电子书等扩大自己的影响力。除此之外，知乎还会举办线下沙龙，推选吉祥物，通过丰富的活动不断和用户进行互动。

如果我们将知乎的用户简单地分为内容的产生者（专业人士、事件当事人等）和内容的使用者（兴趣人群、学生等）两类，就会发现知乎在内测和开放注册阶段采用了不同的用户引入策略：在内测期引入内容的产生者，在开放注册期引入内容的使用者。在这样的引入策略下，拥有专业知识的早期种子用户形成了独特的社区氛围，帮助知乎完善了产品机制，沉淀了优质的答案。有了这样的基础，开放注册阶段的用户们会自觉地遵循社区已有的规则，有序地创造和消费内容。

为了维护认真和专业的社区氛围，知乎官方进行了多方面的努力。除了提供匿名、举报、反对、帮助、折叠、禁言、封号等一系列管理功能之外，知乎官方还规定了语言表述、符号和格式等书面表达的细节，提供了公共编辑功能，鼓励用户和官方一起为维护社区氛围而努力。

3.1.3 线上和线下的联动是关键

为了提高社群成员的积极性，增强社群成员之间的连接，社群作为平台定期举办线下活动也是很好的选择。世界汽车销售第一人乔·吉拉德曾说："我卖的不是我的雪佛兰汽车，我卖的是我自己。"这告诉我们在销售任何产品之前，首先应该让用户了解我们自己。假如用户不接受我们这个人，还会给我们看产品介绍的机会吗？

如何在陌生的环境中迅速使他人建立起对我们的认可和信任，是营销学必须重点探讨的话题。因为只有用户信任我们，才有推广和成交的可能。

不同的社群有不同的文化气质，因此活动也不尽相同。通常来说，社群活动主要由线上和线下两种模式组成。线上活动主要依托于论坛、贴吧、QQ和微信等，而线下活动包括见面会、分享会和主题活动。前期在社群平台互动过，接着线下活动见到真实的人，用户才有真实感和亲切感。社群营销不管是线上模式还是线下模式，只有联动才能获得较好的效果，才能更好地拉近双方的关系，同时迅速建立起双方的信任。

案例：吴晓波频道

吴晓波频道是目前运营较出色的社群平台。依托于财经作家吴晓波而诞生的社群，其微信公众号粉丝在不到一年的时间里就达到了100万人。随后，这些粉丝不断形成全新的社群，又逐渐演化出众多兴趣小组，爆发出了非常强大的生命力（见图3-3）。

图 3-3　吴晓波频道独家首发新书活动的广告

谈到社群运营为何如此成功，吴晓波指出："每年社群粉丝都会举办 300 多场线下活动。不同地域和不同兴趣主题让每一个群组都拥有一个标签，这些人组合在一起，用互联网的玩法做各种事情，完全是互联网共享经济开花结果的一种形态。"

3.1.4 打造核心社群是目标

社群有初级社群，也有高级社群；有边缘社群，也有核心社群。核心社群的人数可能比较少，但个个都是高端人士；话题也许不像初级社群那样众多，但每一次讨论都具有深度和专业性。

但是，核心社群必须有严格的准入制度，才能保证自身的高档感和稀缺性。

核心社群决定了社群生命周期的长短，我们可以采取严格控制数量的方法与建立淘汰退出机制来进行打造。当前有的社群采取收费模式来建立核心社群，其实这个用资金作为门槛的方法并不能保证成员的水平高度，建议替换成社群贡献者邀请机制，即新人要想加入核心社群就必须通过社群重要人士的邀请。

案例：大熊名人堂

大熊会是国内首屈一指的自媒体社群组织，大熊名人堂是大熊会的核心社群（见图3-4），这个社群能够为行业知名人士带来独家的业界新闻，可以组织发起各类活动。其入群方式非常严格，即要想入群必须经人介绍，并且需要支付一定费用以保证会员的质量。这种严格的入群门槛设定让大熊名人堂非常健康，没有任何广告和"灌水"现象出现。

图 3-4　大熊名人堂

3.1.5　沉淀社群文化是终点

小米用社群将自己与粉丝牢牢凝结在一起；罗辑思维用社群成功实现了媒体变现，走出了媒体的另一条路；黑马会用社群聚集了一批奔驰在创业之路上的黑马，想象空间无限。互联网经济的要素之一就是连接，甚至有人说拥有连接就拥有一切。通过连接，移动互联网能让社群成员像蜜蜂围绕蜂巢一样紧紧地围绕着微信公众号，通过粉丝传播，极有可能产生虚拟社区裂变式增长。

社群经济作为一种新兴的商业形态早已摆脱传统的交易模式，逐步向体验模式全方位转型。在体验模式中，必须让品牌流动起来。因为流动的品牌不仅可以展现品牌魅力，还能让品牌信息被更多人主动传播，这是社群平台或社群文化的魅力所在。

在社群里，老成员通过不断的沉淀、晋升为社群带来深度思考，而不断涌入的新成员也创造着全新话题。每个社群都希望达到这样的生态闭环。要想做到这一点，就要利用社群文化凝聚人心。

社群文化包括主流文化和亚文化（见图3-5）。社群主流文化主要包括社群意见领袖和品牌塑造两类。在主流文化的背后，不可忽视的社群亚文化同样暗流涌动。例如，社群成员自己生产内容、社群组织的裂变与复制……与社群主流文化相比，社群亚文化的水准良莠不齐。但如果能够对其加以合理利用，社群成员同样会产生强烈的自觉，不断将社群文化传播出去。

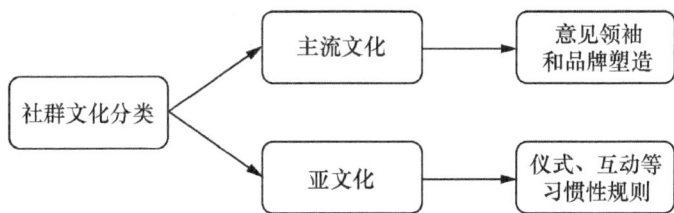

图 3-5　社群文化分类

案例：凯叔讲故事

2013年3月14日，王凯离开央视去追求"问心而生，随性而活"，他签约光线传媒，成立自己的工作室，经营凯叔讲故事等优质自媒体。凯叔讲故事专门为孩子讲述优质的儿童绘本故事（见图3-6），微信公众号、微博每两天更新一个故事，每个故事都有一问，孩子的回答将会展示在下一个故事中。

图 3-6　凯叔讲故事《西游记》活动广告

凯叔讲故事不仅给孩子讲故事，而且对于大人们来说也是一种童年的回忆，是一个主打情怀的社群平台。

3.2 社群规则制定

建立社群时必须明确社群规则，以下几点需要重点把握：

（1）社群核心定位；

（2）设定社群群主和管理员；

（3）设定入群门槛；

（4）确定社群主题和内容；

（5）设立社群激励制度和发言内容的规范。

早期规则的制定对于社群的发展至关重要，合理的规则能形成良好的社群氛围和文化、提高社群行为的效率以及给社群带来更多趣味。

3.2.1　社群定位是核心

社群是以人为基本组成要素的集合。在工业时代，品牌的宣传口径永远都是用户；在互联网时代，企业将用户变成产品的粉丝；到了移动互联网时代，品牌不仅要将用户变成粉丝，更要将粉丝聚集起来形成品牌社群。

伴随时代发展，我们要明白做社群的目标和定位，也就是我们所说的需求。正因为有了需求，社群才有存在的价值。无论社群的目的是销售产品还是学习成长，是提升品牌影响力还是做纯粹的公益组织或兴趣团体，都会影响目标用户和后期的运营策略。

社群的目标人群是行业大咖、精英团体，还是企业家？是像正和岛那样拥有一亿日元以上身家的企业家、中小型企业的企业家，还是颠覆式研习社里的新锐创业者？无论定位哪个用户群体，都要分析他们的需求及社交场景。社群本质上是一套小范围内的生态系统，是一种部落化经济形态，其本身有自生长、自消化和自复制的能力。

社群运营在初期容易出现的错误之一是将任何用户都看作目标用户，没有分清重点。另一个容易犯的错误就是社群刚建立就急于活跃，但这些做法很可能会降低用户的体验度。社群通过价值主张来吸引用户，最后加强自身和用户的连接。从某种程度上说，社群和用户的关系决定了社群质量的高低。

确定了社群的目标用户后，还要判定社群的类别是励志型、知识型、娱乐型，还是文艺型？社群风格是亲切的、高雅的、流行时尚的，还是大气磅礴的？社群一定要定位准确，否则所吸纳的用户就是不同频的人，没有共同语言。

3.2.2　设定社群群主和管理员

一个社群就是一个小社会，它与社会一样具备一定的管理架构和成员划分。社群的架构呈现出多元化和分散化的特点，既有金字塔塔尖的社群群主，也有管理员、小秘书和活跃分子。

在此将重点介绍社群群主和管理员，因为无论社群的规模有多大，都必须有一个凝聚点让所有粉丝凝聚在一起。这个凝聚点既可以是一个人，也可以是一个品牌，如联想电脑、小米手机、樊登读书会，所有社群组织都是围绕他们而出现的。他们拥有同一个特点，那就是个人魅力。一旦具备个人魅力，社群就会形成自己的文化特质，不断裂变发展，直至最后变现。

案例：Papi 酱

Papi 酱（姜逸磊）毕业于中央戏剧学院导演系，被称为"2016 年第一网红"。2016 年 2 月，Papi 酱凭借变音器在网上发布原创短视频内容而走红。2016 年 3 月，Papi 酱获得真格基金、罗辑思维、光源资本和星图资本共计 1200 万元融资，估值 1.2 亿元左右。2016 年 7 月 11 日，Papi 酱进行首次网络直播。2016 年 10 月 20 日，Papi 酱以 2000 万元的费用签下综艺首秀。

Papi 酱建立了社群，她不是社群的直接管理人，但是她的一举一动都会强烈影响社群组织的活跃度，这就是个人魅力的影响力。

要想更加规范有序地发展，社群必须设定管理员制度。社群管理员相当于社群群主的助手，其工作内容包括以下方面：

第一，提高成员交流的积极性，提升社群的向心力、凝聚力，打造一个温馨、轻松、有品位的社群；

第二，通过发言、提醒等方式和成员交流，引导"潜水"成员参与分享，激励"潜水"成员探讨主题；

第三，发布社群公告，组织、主持社群活动，解答成员提出的疑问；

第四，管理维护社群秩序，拥有清除违规成员的权限。

从某种层面上来说，管理员的存在对于社群的意义不亚于社群领袖。

3.2.3　设定入群门槛

要想成为高质量的社群，就要先做好成员入群时的筛选工作，一定要设立门槛以保证质量（见图 3-7），让加入者由于付出金钱或者精力而格外珍惜这个社群。

（1）付费制入群

付费制入群是当前主流的方法之一，也是社群变现的主要方式。如同罗振宇所说："爱，就供给；不爱，就观望。"愿意付费的人，首先是对社群比较认可的人，加入社群后又因为付费，所以珍惜。社群可以设置一定的付费金额作为变现的主要方式，也可以设置小金额作为筛选成员的方式，具体金额根据社群价值而定。

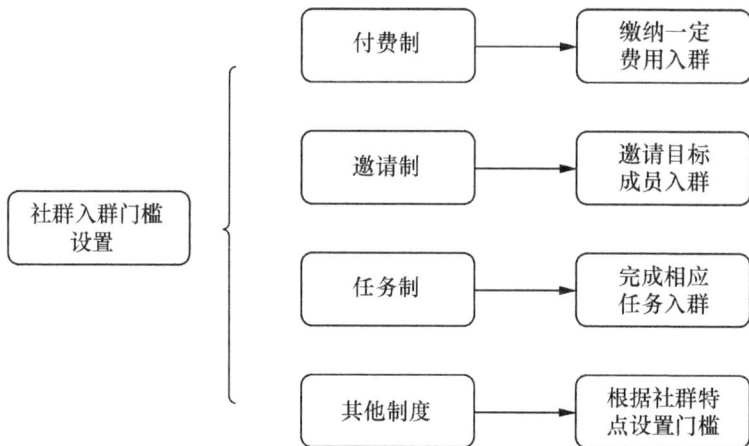

图 3-7　社群入群门槛设置

（2）邀请制入群

　　由现有社群成员邀请或推荐新成员，是入群的另一种方式。由于经现有成员推荐，新成员符合社群的特点，能节约筛选成本。而新成员以推荐他的这位朋友为基础，也能够很快适应社群。

（3）任务制入群

　　想加入社群，就要贡献自己的一份力量，这也是筛选成员的一种办法。例如，要求想入群的人员将社群或者社群的价值主张分享到自己的朋友圈，或者分享给朋友，达到一定的分享时间或者分享数量才能加入社群。

（4）其他制度

　　除了以上几种制度之外，入群还有其他制度，如阶梯制入群等。入群制度可以是单一的，也可以是几种制度结合在一起的，不同社群可以根据需求制定。

3.2.4 确定社群的主题和内容

社群的建立是通过一个主题将感兴趣的人和有需求的人聚集起来，所以对主题的选择一定要深思熟虑，因为后续的社群运营完全是根据主题来开展的。

社群建立之初，在确定社群主题的同时也要做到一定的差异化，也就是社群主题或多或少要和其他社群主题有些区别。

确定社群主题以后，就要通过内容来表达思想。现有的内容表达形式包括以下几种：

（1）微信公众号、微博、今日头条、一点资讯等自媒体平台；

（2）贴吧、论坛、QQ 群和微信群等交流平台；

（3）比较流行的直播、秒拍短视频和荔枝 FM 也是很好的内容展示平台。

社群的具体操作需要结合企业现阶段的实际情况，选择一个或多个平台来进行内容展示，但有一点最重要，即能够持续输出优质的主题内容才是社群的生存之道。

3.2.5 设立社群激励制度

优质的社群离不开三个要素：合理的激励制度、高质量的内容创造者和优秀的社群管理者。当前大部分的社群内容创造者由社群组织者兼任，成员输出优质内容较少，其问题在于缺乏合理的激励制度。

激励不能是几句感谢的客套话，必须是实实在在的东西。要针对内容创造者、社群管理者、活动发起者和其他社群成员形成价值闭环，给予社群成员有足够诱惑力的激励。这样才有利于互动，提高社群成员为社群做贡献的积极性。

　　社群的信条就是"人人都是社群里最好的老师"，当社群成员遇到问题，很多时候可以相互帮助解决，而不能仅依赖社群大咖。但当一个人抛出问题时，其他成员为什么要来帮助他解决这个问题呢？为什么会主动分享呢？仅仅靠奉献精神是无法持久的，所以社群一定要设立激励制度。例如，每周对问题解决方案的提供者及分享者进行一次前三名评选，给予其物质激励及精神激励。物质激励分为两种：社群成员自发打赏和社群基金固定打赏。社群内部要养成为知识付费的理念，对愿意分享高质量内容的人给予奖励。

　　那么，社群基金从哪里来呢？当然是取之于民、用之于民。例如，在新成员入群时向每人收取 200 元作为入群费用，500 个人的费用就是 10 万元，这 10 万元可以作为社群基金分 52 周花完，每周的奖励额度近 2000 元。相信这个奖励额度能够刺激社群成员的参与欲望。物质奖励是主体，精神奖励以及其他奖励可以作为补充。但要始终记住一点，物质激励只是手段，不是根本目的。

　　社群运营组织者同样是至关重要的，一个社群里有再多大咖，如果社群不能运营起来，也是没有任何意义。社群运营本身是一个技术含量很高的活儿，社群的运营者需要做很多工作。一般的社群都是由群主管理，或者招募一些兼职人员来管理，这种方式会造成社群的发展不持续。但社群成员大部分都是有工作的人，所以要给社群运营者足够的物质激励和精神激励，才能使社群得到长久发展。

3.2.6　设定发言内容规范

随着社群规模不断扩大，社群管理者也要对发言内容规范进行合理设定。毕竟社群中每位成员都有自己的诉求，即便单一领域社群也无法保证所有成员都只关注某个单一领域。如果社群发言制度过于局限，则会让人觉得空洞和枯燥。

对于社群的发言内容，一方面需要设置一定的框架，明确哪些内容是严禁讨论的；另一方面也要作出一定的平衡，让社群呈现多元化发展。总之，要使社群既有专业氛围，又有生活气质，让每位成员都可以感受到快乐。

（1）做好"灌水"时间安排

如果社群实行全体禁言制度，只公布一些社群活动，社群成员就会逐渐丧失热情，社群也会因为丧失活跃度而沦为"死群"。

社群管理者可以根据成员属性和作息习惯合理设置"灌水"时间，拓展社群之外的话题。这样做有两个好处：

第一，可以提高社群成员之间的交流积极性，进而提高成员之间的认可度和信任度；

第二，可以提高社群的活跃度，不让社群显得枯燥乏味。

（2）做好广告时间安排

对于一些人际交往类的社群，成员加入其中的目的就是结识优秀人才和拓展业务，他们需要发布一些业务上的广告。如果严禁广告，那么社群对于这类成员来说就没有太大价值，他们最终会退出社群。对此，社群管理者可以做好广告时间安排。例如，规定每周有半天的时间可以发布正规广告，而且发广告时需要发一个金额和社群成员成比例的红包—群里有500人，就发100元红包让 50 人抢。成员发布广告后，如果其他社群成员有相应的业务，便可以进行私聊。这样，人际交往群才能起到结识优秀人才和拓展业务的作用。

要想不让社群沦为"灌水"群或广告群，最有效的手段就是在社群内部储备足够多的干货。例如，一个多达 1000 人的培训 QQ 群，如果每天都有精选的干货文章发布，同时每周发起 2 ～ 3 次线上或线下主题活动，那么谁还愿意冒着被踢出群和禁言的风险违反社群规定发广告呢？因此，提升社群在成员心中的存在感，才是真正有效的社群制度。

3.3 社群如何与粉丝互动

互动是建立信任的基础，筛选人群、制定好契约是互动的前提，社交网络的奥秘全在于此。在社群中和粉丝进行有效互动，就要做好以下几点：

（1）不卖产品，只卖参与感；

（2）重点在于"养"好粉丝；

（3）做好内容产品化；

（4）收集粉丝关心的话题；

（5）及时回复粉丝提出的问题。

3.3.1　不卖产品，只卖参与感

社群是一群拥有共同爱好的人聚集而成的平台，我们要做的就是通过这个庞大的平台为他们送上更好的产品和内容。营销学有句俗语："有人的地方就有市场。"所以，永远不要低估任何渠道，特别是微信朋友圈的商业价值。可

以说，它是微信社群营销的重要组成部分。

然而，很多企业将社群单纯地看作受众，一味地发广告和卖产品，这样做肯定不会取得好的效果。我们要做的就是和社群成员交朋友，赢得他们的信任，只卖参与感。因此，企业除了卖产品之外还要提供更有价值的内容和活动，才能让社群成员在微信朋友圈进行广泛传播，让粉丝参与进来。

案例：创业邦

创业邦集团是服务于中小企业的商业媒体，截至 2012 年已推出创业邦网站、《创业邦》杂志和各种创业类活动。创业邦网站是中国创业者的资讯门户和互动平台，致力于成为中国创业者的网上家园。《创业邦》杂志致力于成为中国创业者的思想乐园和行动指南，为中小企业提供发展中所遇到的各类问题的解决方案。

《创业邦》杂志关注创业者的真实故事，强调粉丝参与感。创业文章被采用之后会得到首页展示的机会，让更多人进行交流。此外，创业邦定期举办创业沙龙和项目展示等各种活动，鼎力打造线下互动交流平台（见图 3-8）。

图 3-8　创业邦活动

3.3.2 重点在于"养"好粉丝

粉丝是社群的核心，要想"养"好粉丝就要分析人们的需求。每个人都有社交和互动需求，移动互联网的到来使人们的这些需求更加强烈。随着社交圈不断扩大，人们希望得到更多的认可，所以要开拓社交圈进入社群。

做社群营销更要"养"好粉丝。前期可以发红包，后期可以举办活动，最后还要提供有价值的内容。在这方面，7 天连锁酒店就做得比较好。

案例：7 天连锁酒店

7 天连锁酒店微信公众号的粉丝在短短六个月时间里从 0 增长到 100 万，其中 80% 是 7 天连锁酒店的会员。7 天连锁酒店的微信公众号订单数量日均突破 5000 单，远远高于在线旅行社（OTA）平台，而退订比例由原来的 20% 降到了 4%。在运营方面，他们只有 1 个微信运营岗、2 个技术开发岗和 30 个微信客服岗。这样的成绩，7 天连锁酒店是怎么做到的呢？

（1）提升用户的客服体验

相对于电话客服来说，微信客服具有延时应答、一对多应答、通话数据可存可查、住客方便管理等特点，这些大大提升了客服人员的工作效率。以前 100 个客服人员每天的电话接听量在 5000 个左右，使用微信客服后，30 个人每天可以处理 10000 多次会话。

（2）"7 天约稿"增加用户互动

对于大多数品牌商来说，微信运营的关键是以用户更愿意接受的方式向其传递信息。7 天连锁酒店的方法就是向用户约稿，让用户主动提供内容，提高微信用户参与的积极性（见图 3-9）。年轻人喜欢玩，喜欢分享，微信约稿可以让用户互动的活跃度居高不下。而微信公众号的订阅特色是使微信约稿有很强的阅读属性。同时，为了更有效地激励用户投稿，7天连锁酒店对投稿用户给予 5000 积分的奖励。

图 3-9　7 天连锁酒店征集故事的广告

（3）人性化纯文字自动回复

大多数微信公众号回答用户日常疑问的自动回复是图文消息，而 7 天连锁酒店则采用纯文字的方式。这样做有什么好处呢？

第一，纯文字回复速度快，相比图文消息，没有加载过程；

第二，纯文字回复直观，直接把答案说出来，不需要阅读图文再体会其中的意思；

第三，纯文字回复更适合人与人的交流，拉近酒店与顾客的关系。

企业品牌的传递在于用户的参与和互动。7天连锁酒店充分发挥互动的作用，无论是约稿增加用户分享的主动性，还是人性化的自动回复，都是减少冗余环节和降低时间成本的手段。在活动中，7天连锁酒店都是站在用户的角度考虑，哪怕一点细微的改进，也都是想着如何让用户再轻松一些，这些措施的确能"养"好粉丝。

3.3.3　做好内容产品化

内容产品化是移动互联网的热点，首先要了解何为产品化。真正产品化的产品应该是模块化和可定制的，即一套产品可以满足多个用户的需求。可定制包括两个方面的内容：一个是用户本身可配置，另一个是用户本身可以通过组件提供的接口进行二次开发。越是成功的产品，往往模块化和可定制能力越强。

案例：沪江网

沪江网成立于2001年，累计独立访问量2亿次，注册用户数2000万人，日均页面浏览量600万次。目前业务分为多语种学习门户沪江网、电商平台沪江购物和网校业务平台沪江网校，2012年整体营收已过1亿元，三者在营收中的占比分别为20%、40%和40%。

自成立至今，沪江网进行过两次转型。2005年，沪江网开始意识到BBS形态的局限性，他们认为结合新闻热点的门户形式更有利于用户学习，于是逐渐将网站结构向门户形态调整。这一转型更深层次的动力是运营了四五年的沪江网已经有赢利的压力，广告主也建议网站增强媒体的平台属性，以便放广告位（见图 3-10）。

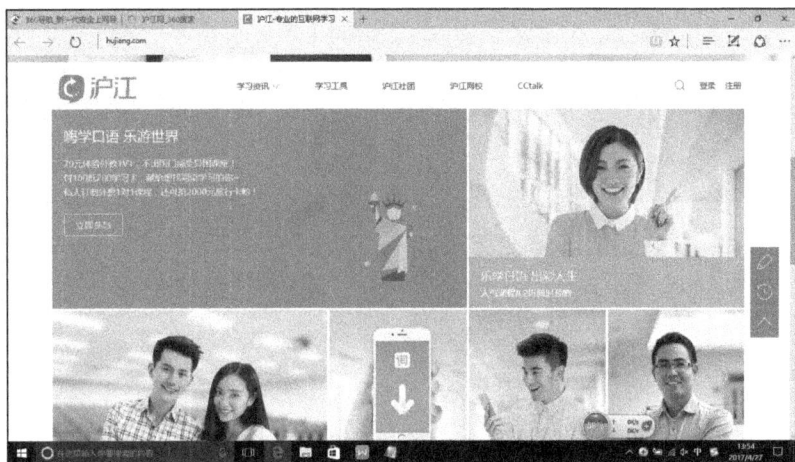

图 3-10 沪江网站内容丰富

沪江网的第一次转型是成功的。如今，沪江网已经在原来英语的基础上发展出了日语、韩语、法语等 7 个外语频道，这些频道都已经实现商业化，广告业务也实现了赢利。

沪江网在第二次转型时开设了网校，通过网校将内容产品化，取得了比较好的效果。如今，沪江网校的收费项目包括录播的电子课件和实时的在线课程（以个人业务为主、企业级业务为辅）。推出三年后，沪江网校每年实现的营收已经超过了沪江门户业务。

3.3.4 收集粉丝关心的话题

社群的一项重要任务是收集粉丝关注较多的问题，然后给出答案。通过这种解决粉丝问题的方式，很容易引起转发。当问题和答案被转发以后，社群可以吸引更多的关注，就相当于分享式推广。

用户对社群进行评价，说明用户在关注社群。如果社群转发用户的评价，用户就会觉得受到了重视，因而与社群产生更近一步的关系。同时，一些好的评价可以作为用户的使用见证，增加其他没有成交的用户对社群的信任度。

案例：悦跑圈

悦跑圈 App 创立于 2014 年，虽然时间不长，但在跑步领域可谓家喻户晓。在 2015 年通过组织 9 站马拉松赛事等方式，悦跑圈积累了很高的人气，其赛事执行、杂志、康复、旅游等子公司也开得红红火火。悦跑圈先后获得创新工场、动域资本等多家机构数千万美元的投资。截至 2016 年年中，用户总数突破 2000 万。

在悦跑圈进入市场之前，早已经有 10 多款跑步软件，如 Nike+、Sports Tracker、Runtastic、咕咚、益动和乐动力等。这些软件的功能包括：记录时长、距离、速度，描绘运动轨迹，添加好友，查看附近的人和分享到微博、微信等。

对于软件商来说，最重要的是让用户不断地重复使用其产品。这个时候，收集粉丝关心的话题就显得非常重要。于是，悦跑圈的工作人员混迹于各大跑步社群，发现跑步群粉丝关注的内容主要包括：跑步轨迹晒图、漂亮女生穿着漂亮衣服自拍晒图、跑步者在马拉松赛道的晒图（见图 3-11）。

图 3-11　悦跑圈用户晒跑步照片

　　另外，悦跑圈的工作人员还发现马拉松赛事火爆，很多人没有报上名，于是与马拉松赛事合作，创造了线上马拉松的新玩法。悦跑圈的线上马拉松不限时间和地点，粉丝们只要当天跑完自己选择的项目并下单购买奖牌，就可以获得悦跑圈寄来的奖牌（见图 3-12）。

图 3-12　悦跑圈特色奖牌

这块奖牌以"颜值爆表""工匠精神"著称，可以私人定制刻上名字，这是对跑步者成绩的最好的肯定。而且，奖牌设计颇具创意，一般具有举办城市的地域特色。

3.3.5　及时回复粉丝的问题

人都是有感情的，都希望得到别人的重视。在社群互动中要及时回复粉丝的评论，一方面能够及时解答粉丝的疑问，另一方面也能够让粉丝感受到自己被重视，这样对于提升粉丝信任度非常有帮助。

当粉丝提出一些与产品有关的问题时，如果我们帮助解决，那么他就会对我们产生好感，这样就提升了信任度。当粉丝在购买产品之前，我们给予专业的建议，让他更理性地选择产品，同时我们也有这样的产品，那么他就会倾向于购买我们的产品。如果粉丝购买我们的产品之后出现了自己不懂的问题，我们帮他解决，则又会提升粉丝对售后服务的满意度。

案例：小米客服营销的 9 : 100 万

说到社群营销，不能不提小米的"9 : 100 万"的粉丝管理模式。据了解，小米手机的微信后台客服人员有 9 名，这 9 名客服人员最主要的工作就是每天回复 100 万粉丝的留言。每天早上，这 9 名小米微信客服人员在微信后台看到粉丝的留言，他们一天的工作就开始了。

虽然小米开发的微信后台可以自动抓取关键词并进行回复，但小米的微信客服人员还是会进行一对一的回复，甚至董事长雷军也亲自为客服站台（见图 3-13）。小米正是通过这样的方式大大提升了粉丝的品牌忠诚度。而且，小米请刘诗诗代言，借艺人的人物定位辅助提高小米粉丝的忠诚度（见图 3-14）。

图 3-13　雷军推广小米服务

图 3-14　刘诗诗变身小米手机
美女"客服"

除了提升用户的忠诚度，微信客服也给小米带来了实实在在的益处。数据显示，微信使小米的营销、用户关系管理成本降低，过去小米做活动通常会群发短信，每 100 万条短信发出去就需要 4 万元成本，微信客服的作用可见一斑。

3.4 社群如何定期举行线下活动

人是群居动物，骨子里还是喜欢和团体在一起，这也是电商盛行、许多购物中心屹立不倒的原因。人们需要和其他人在一起，需要更丰富的互动体验，无论组织多少场线上分享，在互动强度上都不如线下社群成员的一次简单见面。

3.4.1 以线下活动引爆线上互动

尽管微信、微博和 QQ 等是当前流行的社群渠道，但社群并非只能在线上玩。企业不能忽视线下社群活动的影响力，如果能办好线下的社群活动，企业也能够获得更多的流量和利润。

线下社群是有别于线上社群的，往往有些用户会抱着试试看的心态来参与活动。因此，线下活动要定位好、组织好，才能吸引更多有共同兴趣爱好的用户。线下活动需要和线上互动结合起来，以线下活动引爆线上互动，才能使用户之间形成强关系。

案例：湘遇见对味的你

"湘遇见对味的你"是一家融合了中西元素的跨界创意湘菜馆，既有苗家姑娘热情火辣的歌唱表演、火塘鼎罐、灵芝、书法艺术等中式元素，又有西式的创意菜单、餐盘、桌椅、背景音乐和装修风格等（见图 3-15）。

餐厅菜品的食材及做法借鉴了《舌尖上的中国》《爸爸去哪儿》等节目中所展现的美食。试营业以来，餐厅不仅吸引了各种私人聚会、商务宴请，还吸引了很多外国客人光顾。因此，餐厅也特别配备了服务人员为外国客人提供全英文服务。而且，餐厅除了提供中午、晚上的正餐以外，还提供结合了苗家茶点和西式甜点的下午茶。

为了更好地拥抱移动互联网，"湘遇见对味的你"上海分店在线下搭建了一个社群活动空间，在店内配备了投影仪、话筒和可移动座椅，为用户提供多样化的下午茶。当然，不只是线下活动，社群或者俱乐部的活动、聚会、交流都可以在店内进行，这为线上延伸了更强大的关系，依靠社交平台打造出全新的生活方式。

图 3-15 "湘遇见对味的你"特色摆设

3.4.2 定期策划线下活动

线上活动可以激发社群的活跃度，当粉丝们在社群里聊得热火朝天时，他们需要从线上走到线下，这样可以使粉丝互相之间更加熟悉，进而成为现实中的朋友。

移动互联网让人们的交流更加便捷，但是互联网中的我们与现实中的我们或多或少存在差异。为了打通虚拟和现实之间的隔阂，让社群粉丝之间的交流更加直接、自然，线下活动就显得必不可少。那么，策划一个成功的线下活动需要注意哪些问题呢（见图 3-16）？

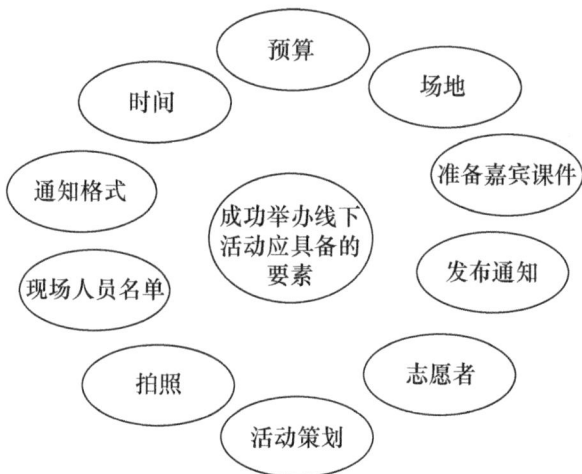

图 3-16　成功举办线下活动应具备的要素

（1）时间

社群活动组织者需要考虑好主讲嘉宾的时间、粉丝的时间、节假日时间和是否有空场地等，综合考虑以上事宜之后再确定具体的活动时间。如果活动延时，要掌握在 0.5 ～ 1 小时之间。

（2）预算

社群活动组织者还要和企业家沟通、和粉丝沟通，看他们是否有免费资源，这样可以节约活动费用。例如，免费赞助食物，免费提供场地，免费赞助小礼品等。同时，社群活动组织者要开讨论会，明确哪些费用不能节省、哪些费用可以节省。

（3）场地

社群活动组织者选择场地时需要考虑以下问题：

① 场地交通是否方便?

② 环境是否吵闹？

③ 是否有指示牌？

④ 能不能摆放活动海报和易拉宝？

⑤ 现场 Wi-Fi、麦克风和投影能不能使用？

⑥ 电源插座够不够多？

⑦ 空调能不能用？

⑧ 是否提供免费食物？

解决了以上问题，就解决了场地问题。

（4）准备嘉宾课件

社群活动通常会邀请嘉宾进行演讲，演讲嘉宾的课件在活动前要预演，以防发生课件无法打开等情况。活动前，社群活动组织者收集好演讲嘉宾的课件，活动后把课件放入群共享，方便参加活动者回顾学习。

（5）发布通知

发布社群活动通知也是一项精细的工作。在发布通知前，社群活动组织者需要明确是否可以在场地提前张贴海报；如需要换乘公交和地铁，请详细标注并提供问路电话。社群活动组织者需要在报名成功后通知一次粉丝，活动前3天再通知一次粉丝。另外，活动通知可以发送给嘉宾，让他帮忙转发宣传。

（6）通知格式

社群活动通知要按照标准格式书写，必须包含时间、地点、人物和事件。通知的设计和书写要做到让粉丝在30秒内判断这个活动是否值得参加。组织者需要把时间表、地点和演讲内容大纲等重要信息放在粉丝面前，引起粉丝的关注。

（7）现场人员名单

社群活动组织者需要确定现场工作人员应到达现场的时间；确定各项工作的负责人，细分到准备物料、检查细节、准备签到表和与场地工作人员沟通等工作。这里需要重点明确的是社群活动中的拍照、实时微信群互动、微博更新、直播等，这些都是社群活动的新玩法，务必要将责任落实到各人。

（8）拍照

社群活动中，拍照是个技术活。社群活动组织者需要现场活动标志、嘉宾和课件、提问互动场面、签到场面、粉丝和嘉宾交流场面等影像资料。建议活动组织者在活动开始前邀请大家一起拍张合影，以免活动后期参与人员提前离场而影响拍照的效果。如果有横幅或者海报，活动组织者可以拍带有横幅或者海报的合影。

（9）活动策划

社群活动组织者确定时间后，除了嘉宾演讲和互动以外，还需要策划一些游戏活动。例如，分享小故事和歌曲接龙等，这些活动可以促进大家彼此的了解和熟悉。

（10）志愿者

社群活动中有个不可替代的岗位就是志愿者，签到、发小礼品和维持秩序等工作都需要志愿者的帮助。那么，志愿者是如何产生的呢？社群活动组织者可以在参加活动的人员中选择，通知他们参加活动时一并询问他们是否愿意成为志愿者。

3.4.3　不设主题的线下活动

社群活动包含线上活动和线下活动，可是有些社群往往忽视了线下活动。有句话说得好：文字不如语音，语音不如视频，视频不如见面，百闻不如一见。无论社群组织多少线上分享活动，都需要线下活动增加粉丝互动。

不仅如此，社群的线下活动还可以打造社群的仪式感。社群是一个有共同价值观和爱好的人聚集而成的组织，大家在固定的时间、固定的地点，一起做一件固定的事情，这种仪式感很容易打造社群的归属感。

另外，如果每次线下活动都强调主题，目的性就会太强。因此，为了打造轻松愉快的氛围，避免成员产生疲劳感，社群组织者可以适时举办不设主题的活动。

3.5 社群运营的技巧

社群运营的最终目的是让社群成员自愿成为社群的代言人。要达到这个目的，社群就要让其成员喜欢并受益于自身的社交文化，不断带给用户温暖。

3.5.1　制造神秘营销

社群的一个重要意义在于重构社交关系，这就要求社群必须有足够多的用户，同时让他们产生密切的互动交流。目前大部分标称社群的软件或程序归根到底只是工具，并没有让用户形成广泛的交流，这一点尤其在生活服务类软件上表现明显。尽管这类软件的下载量比较大，但是用户与用户之间几乎是隔绝的。那么，如何打破这种局面呢？

这时神秘营销可以派上用场。社群中人人都有好奇心，越不让他知道的东西，他就越想知道。例如，让几个社群里比较活跃的成员在群里说一句"神秘的东西已经收到，太精彩啦"，如果一个社群里陆续有几个人说这句话，就一定会有人提出疑问。这样利用人人都有的好奇心来制造神秘营销，可以高效地引起社群成员之间产生互动。

3.5.2 关注用户的日常习惯

一开始用户怀着激动和兴奋的心情加入社群，但是加入一段时间后却发现群里充满"灌水"、刷屏和广告，有时候甚至会发生成员之间因一言不和而争执、对骂的事件，退群也就在所难免。或者社群因成员人数过多而呈现出乱糟糟的状态，群主会因各种琐事而疏于管理，不出半年大家就会逐渐不再发言，这时社群就成了"死群"。

要想维持社群的生命周期，社群组织者就要不定期举办活动或组织话题讨论，以便在调动社群成员积极性的同时掌握社群的整体氛围。这就需要社群组织者关注用户的日常习惯，例如对时尚、美食的喜好，如此开展的活动才有针对性（见图 3-17）。

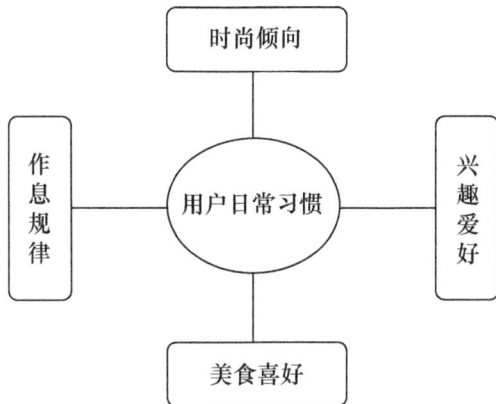

图 3-17 用户日常习惯

案例：辣妈帮

辣妈帮是一个可以让时尚妈妈们随时随地分享、交流、学习的大型社交平台，截至 2016 年 3 月已拥有 6000 万用户。辣妈的典型代表演员孙俪正式于 2015 年 3 月代言辣妈帮（见图 3-18），带用户一起交流备孕、怀孕、育儿、时尚、扮靓、瘦身、情感、婆媳、美食、购物、两性健康等方面的话题。除此之外，还有专家团队为用户提供专业、科学的育儿知识，运营者根据用户的兴趣推荐丰富的情感及育儿内容。而且，用户还可以通过群聊、日记、附近等功能结识更多妈妈和宝宝。

辣妈帮是妈妈们分享和交流育儿生活与成长的移动互联网社交平台。无论用户身处何时何地，无论用户是妙龄少女还是已婚妈妈，无论用户发现了生活中的点滴乐趣还是遇到了难题，都可通过辣妈帮以文字、图片、语音等多种形式即时分享或寻求帮助。

图 3-18　演员孙俪为辣妈帮代言

　　通过关注用户的日常习惯，辣妈帮做到了一切从加入自己感兴趣的"帮"开始。用户可以通过社群找到更多志同道合的辣妈，随时随地分享育儿心得，还可以获得来自辣妈们的有效的育儿帮助。

3.5.3　招募高质量的人

　　社群的核心价值在于用户的质量和互动积极性。社群的初期门槛可以是收费，但是后期需要不断地招募高质量的用户。那么，如何招募高质量的用户呢？答案是采用特殊的入群方式。

这里要提到的一个数字是"60"。

例如，某社群的入群费用是 200 元，那么当成员人数达到 60 时，社群奖励金额就可以是 200 元。此时社群组织者收集群内一些问题让社群以外的人参与答题，并且告诉对方可以随便挑一个问题进行解答，如果他提供的答案是最佳的，就会得到入群的奖励；如果他提供的答案不是最佳的，社群组织者可以把所有的解答方案分享给他，并且告诉他入群的门槛是收费 200 元，他可以参与学习交流。

3.5.4 选择合适时机发红包

当微信正式进军移动支付市场时，所带来的不仅是微信功能的调整与转型，更促成了"抢红包"活动。随后，支付宝、百度钱包和新浪微博等诸多品牌强势跟进，引发了 2015 年移动互联网经济最受瞩目的"抢红包大战"。

红包的意义在于给所有社群成员提供福利，让他们体会到惊喜。因此，发红包的数额不要太大，但频次要多。

当前，红包的类型主要包括节日红包、特定活动红包和专属红包等。红包类型越丰富，社群的活跃度就越高。在社群中发红包的时机也要有所讲究，应该避免在不适当的时间段发红包；否则，不仅造成红包石投大海毫无波澜，还会打扰社群成员的正常工作和休息。

通常来说，晚上 8 点半至 10 点是一个人最自由的时间段。此时，大家结束了一天的工作，晚餐也已经结束，能以最轻松的状态收取红包，并愿意参与话题讨论。因此，绝大多数的红包最好集中在这个时间段进行发放。

3.5.5　和微信朋友圈组合营销

腾讯对微信朋友圈的定义是"连接一切"，意思就是促进朋友间的情感连接。我们可以看看大家都在微信朋友圈做什么——晒工作、晒生活、晒个性和晒兴趣爱好等，让远在他乡的朋友也能了解自己的动态，从而拉近彼此的关系。所以，营销之前要摆正观念，要把微信朋友圈看成真正的朋友圈，凡是在微信朋友圈中的都是朋友，要沟通、交流、关心、点赞、评论和解答。只有这样，才能建立和朋友之间的情感连接。

在微信朋友圈交易，首先需要建立他人对自己的信任。如何建立他人对自己的信任呢？答案就是要通过微信朋友圈多分享、展现自己的正能量，如积极乐观的生活状态、亲和守信的做事风格、较高的解决问题的能力和对他人的较强影响力等。

通过在微信朋友圈获得关注，以自身的正能量赢得与他人沟通交流的机会。如果他人有需求，我们则提供产品，邀请对方入群，通过社群线下活动进一步赢取信任，进而达成交易。社群和微信朋友圈组合营销，既可以打造个人品牌，也可以提高用户的信任度。

3.5.6　控制社群的活跃度

有些人进社群就是为了刷存在感，一直在群里聊天和"灌水"，这些对社群没有任何价值。而这类情况往往有第一个社群成员带头，后面立刻就会有人跟上，使社群组织者不太好控制，因而导致社群过分活跃，掩盖了真正有价值的信息。这样的情况最终会导致意见领袖或核心成员离开社群。

针对这个问题，社群组织者可以在每次互动后将能够体现社群价值主张的内容记录下来，发私信给所有成员，让他们接收到真正有价值的信息。同时，社群组织者要对群里的"灌水"者进行警告，但是不要给人以刻意控制这个群体的感觉。社群组织者要努力构建一个公平、公正的环境，才能让用户在打开社群的三到五秒时间里迅速发现这个群有价值，愿意在微信上置顶。

3.5.7 内容不要过于单一

Web2.0(以论坛、博客为代表) 和 Web3.0(以社交平台、微博客为代表) 的相继流行，UGC(用户生产内容) 功不可没。随着移动互联网的发展，网上内容的创作又被细分为 PGC(专业生产内容) 和 OGC(职业生产内容)。

在内容为王的时代，社群需要持续不断的优质内容。仅仅拥有源于自家的内容是没有办法经营好社群的。首先，持续产生新内容本身就不是件容易的事情，如果内容全都是自己做或者找专家做，成本未免过高，同时内容会略显枯燥乏味。其次，仅有自家内容的后果是自我屏蔽掉社群的重要功能属性之一 ——圈层社交。而尽管 UGC 的可控性不高，但是可以弥补 PGC 的缺陷。采用 UGC 方式不仅可以充分调动社群成员参与的积极性，还可以进一步丰富社群内容的种类。社群组织者要想打造优质的社群内容，PGC、OGC 和 UGC 都必须涉及。

3.5.8 用户角色剖析

社群是由很多个体构成的，笔者认为，要玩转社群就必须对用户（或者叫群员）进行正确的角色剖析。分析个体，可以从以下两个维度入手。

第一个维度是需求。具有相同需求的个人很容易聚到一起形成团队。例如，想瘦下来的跑步者群体中，每一位跑步者的需求都是非常相似的，即减肥、身体健康或者可以跑马拉松，这就很容易形成一个社群。这个社群里，有人可能是新媒体运营者，有人可能是银行职员，也有人可能是工厂老板，虽然身份不同，但他们的需求是相同的。

第二个维度是身份。用相同的身份标签去构建社群是非常有效的。例如，宝妈社群的参与门槛就是有孩子的妈妈，那么交流内容和交换价值就可以围绕孩子方面的话题进行。社群里可能有当警察的宝妈，有做公司高管的宝妈，也可能完全没有关联，但他们有相同的身份标签，所以交流起来会有共同的话题。

无论是哪一种维度，社群成员在社群中一定要获得持续的价值。什么叫获得持续的价值？第一层意思是社群成员认为自己在社群内的收获大于自己的付出；第二层意思是社群成员可以较长时间在社群里学习到东西，而不是一天或者几天时间。如果他对社群不能形成这种认识，就会退出这个社群。

案例：跟谁学

跟谁学是一个 O2O 找好老师学习服务电商平台，2014 年 6 月由陈向东创建。这个平台专注于学习服务创新，跟踪每一位学员的个性化需求及偏好，利用海量数据挖掘技术进行精准匹配，帮助学员找到最合适的老师，帮助老师最大化地实现自身价值。

截至 2017 年 6 月底，跟谁学平台入驻老师 60 万人，入驻机构 7 万家，用户超过 8000 万，俨然成为全球最大的找好老师学习服务平台。不同于其他在线教育项目，跟谁学从创业之初就搭建了一个教育行业的全品类生态系统。

从出国考试、K12辅导、大学英语四六级等应试类培训，到钢琴、声乐、街舞、绘画、太极拳、武术等艺术体育类课程，甚至学魔术、学开飞机都能在平台上找到对应的资深教师。

用户关注"跟谁学"微信公众号之后，首先会收到自定义回复（见图3-19）。根据自定义回复，笔者相信用户的需求都可以得到解决，因为跟谁学对用户角色进行过剖析。

而且，跟谁学的上课方式灵活多样，利用强大的视频授课体系和LBS功能，它可以实现老师上门、学生上门、远程授课、一对一、一对多等多种形式，能够满足不同水平、不同类型、不同地区的学员的个性化需求。

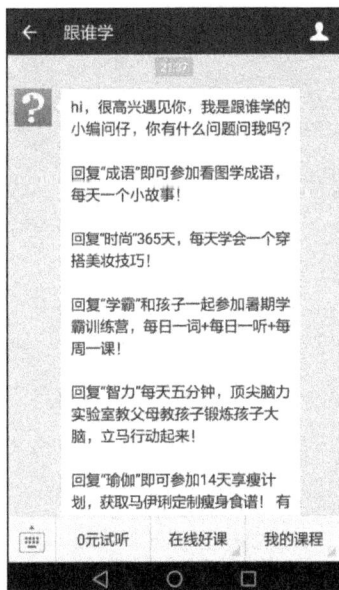

图3-19 跟谁学自定义回复解答粉丝问题

第 4 章

做好社群营销的内容

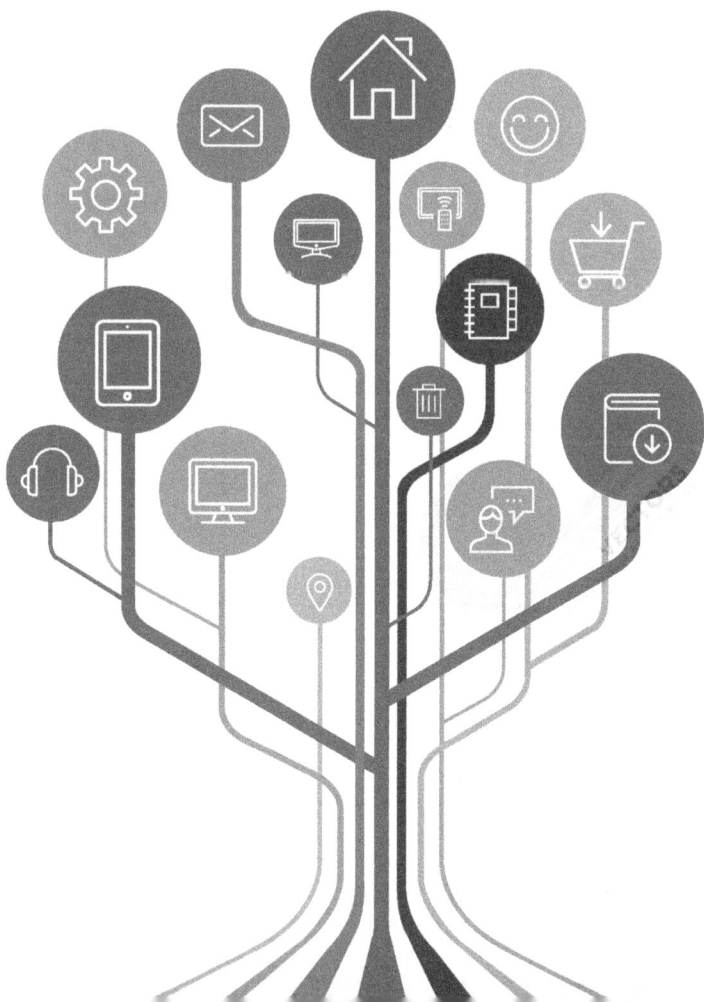

4.1 内容的重要性

互联网时代，企业的经营方式被彻底改变，营销方式更是多种多样，社群营销是其中比较重要的一种。企业要想提高市场占有率，就要在玩转社群营销的同时学会去单一化。而去单一化的基本要求就是内容丰满，尤其在社群营销中更是如此。

处在不同类型平台和不同生态下的社群，如论坛、微博、微信和 QQ 等都聚集了大量的用户。但是，如果没有真正有价值的内容，只依靠外在的东西吸引用户，毕竟是不能长久的。所以，无论何种社群都离不开内容。在此以微信公众号为例，说明内容在社群营销中的重要意义。

4.1.1 主题内容

许多微信公众号运营者比较贪心，不管男女老少，只要有手机，就希望将他们都吸引到自己的平台上来。但是，无论是做生意还是运营微信公众号，运营者必须拥有一个自己感兴趣或者擅长的主题，并以此来吸引那些对该主题内容同样感兴趣的用户。如果主题定位不好，微信公众号可能运营很久都得不到用户的喜爱。

对于企业来说，经营什么样的产品反映了它的定位。企业可通过自身所经营产品的范围找到合适的用户。

4.1.2　筛选内容

如果微信公众号推送的是一本电子杂志，粉丝就是杂志的订阅者。粉丝之所以想看这本杂志，是因为这本杂志能带给粉丝不一样的阅读享受，这就体现了内容的重要性。

微信公众号上的内容一般分为原创和网络精选两类。原创内容写得好，大多能得到粉丝喜爱。对于订阅号而言，需要每天向粉丝推送文章，有时还要一次推送好几篇，但大部分运营者多数情况下无法完成每天更新文章的工作量，此时就需要运营者通过网络、图书和资料库等渠道来筛选好的内容进行推送。

4.1.3　推送内容

微信公众号的内容推送形式非常重要，主要包括文字、图片、语音和视频。运营者在进行内容营销时，可以综合运用各种推送形式，让粉丝觉得更好玩。

运营者推送文本信息时，最好控制在两百字左右，内容可以是趣味型、实用型、互动型、知识型、引发粉丝思考型的（见图4-1）。将信息配上图片不仅可以带给粉丝亲切对话的感觉，还可以通过图片带来视觉上的冲击。这是目前主流的推送方式，也是使用最多的推送方式。

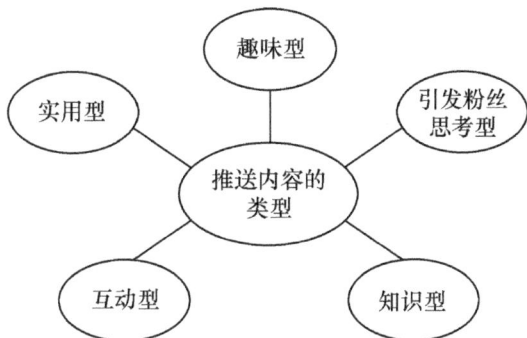

图 4-1　推送内容的类型

有一些微信公众号以语音信息进行推送，例如罗辑思维每天推送 60 秒语音来拉近与粉丝之间的距离。还一些微信公众号通过视频来推送信息，有意思的视频信息可以在短时间内把粉丝牢牢锁定在微信公众号上。

此外，在社群营销中，运营者也应注重多种题材的内容推送，如时尚类资讯、热门事件和流行趋势等内容。总之，运营者要根据粉丝的喜好来选择合适的内容，这样才能真正做好社群。

4.2 做好内容，提高粉丝黏性

传统营销是企业将自己的产品或服务展示在提供信息服务的网站上，与同行进行竞争。但是，这需要向网站支付大量的展示费，而且最后的结果往往不尽如人意。这样的营销方式会给企业造成很大的压力，也很容易让企业亏损。

社群营销是通过微信公众号、微信朋友圈、微信群、QQ 群、QQ 空间和微博等完全属于运营者自己的平台进行的组合营销。做好内容、提高粉丝黏性，是展示产品和服务的重要环节。在这些平台上，运营者可以尽情展示产品和服务，粉丝也能以最快的速度获取信息，而运营者无须支付额外的费用。从这一点来讲，社群营销更吸引人。

4.2.1　没有内容，你凭什么做社群

评价一个社群成功与否，标准并非社群成员的数量，而是社群所提供内容的价值。内容是社群营销取得成功的基础和前提，也是吸引粉丝尤其年轻时尚粉丝的重要因素。

在移动互联网时代，什么样的内容才是优质内容呢？以微信公众号为例，文字、图片、语音和视频等形式均被支持，很多运营者在内容制造上不局限于单纯的文字或图片，更喜欢多种信息形式混合应用，不仅图文并茂，而且在文字颜色、字号、字体上都别具匠心。这样的内容既能吸引用户的关注，也增加了内容的可读性。在内容推送的过程中，笔者认为需要掌握以下要点（见图 4-2）。

（1）以"标题＋摘要＋封面"的方式发布单图文信息，这种小而美的呈现方式可以激起用户点击的兴趣和热情。

（2）专注于某个主题，以多图文方式制造内容。和单图文内容相比，多图文内容的含金量更高。为了获得较高的用户点击量，运营者在标题上要多花时间。有两点需要注意：第一，要掌握标题字数；第二，要将网络流行语和关键词等交互使用。

（3）重视语音和视频内容。运营者要多使用语音和视频这两种多媒体形式，可以给语音和视频加一个合适的标题，以吸引用户点击，让他们可以更舒服、更自在地接收信息。

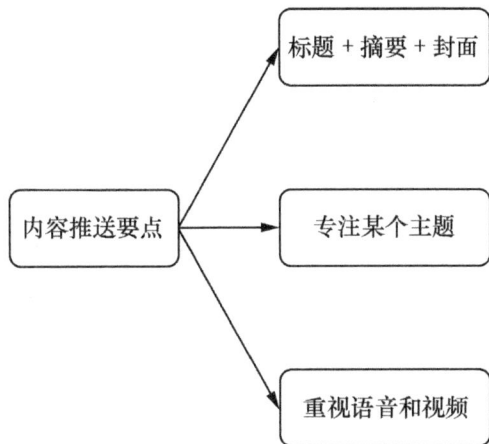

图 4-2　内容推送要点

4.2.2　做有干货的社群

干货是一个电子商务术语，指电子商务从业者发表或分享的一些有关网络推广、网络营销的文章和方法。因为这些方法的实用性比较强，没有虚假的内容，不含水分，所以业内人士通常称之为"干货"。

在社群营销中，内容是非常重要的。对于企业而言，内容不仅需要认真对待，更是值得企业认真追求的目标。但是在大多数情况下，即使企业知道内容非常重要，往往也容易将内容概念化，仅浮于表面，这会导致内容无法真正为企业带来价值。所以，笔者建议企业做社群务必要做有干货的社群。

案例：乐视

乐视成立于 2004 年，致力于打造基于视频产业、内容产业的智能终端"平台＋内容＋终端＋应用"的完整生态系统。在业界，有一个非常酷的模式——乐视模式。乐视垂直产业链整合业务涵盖了互联网视频、影视制作与发行、智能终端、大屏应用市场、电子商务和互联网智能电动汽车等。旗下的公司包括乐视网、乐视致新、乐视影业、网酒网、乐视控股、乐视投资管理和乐视移动智能等。

营销方面，乐视紧跟形势，在社群营销中还为会员专门打造了"乐视生态会员"微信公众号（见图 4-3）。在这里，所有的乐视会员仿佛回到了家，这个家可以给会员提供一切帮助。这里提供给会员的所有内容均具有实用性，没有一个模块是摆设，没有一个功能是为了应付而存在。

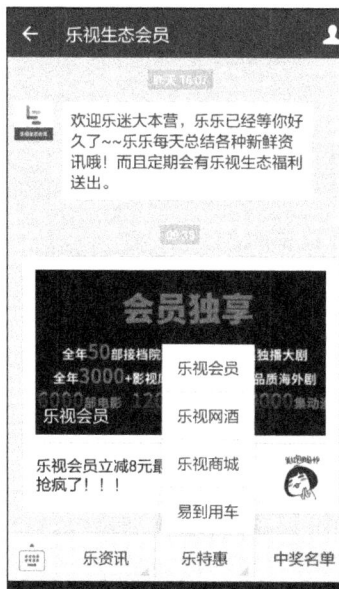

图 4-3　乐视微信公众号互动界面

乐视会员关注"乐视生态会员"微信公众号之后，首先会收到自定义回复："欢迎乐迷大本营，乐乐已经等你好久了～～乐乐每天总结各种新鲜资讯哦！而且定期会有乐视生态福利送出。"同时，乐视会员还会收到"您好，小编等了你好久，终于等到你了，欢迎成为乐迷，我们将提供更好的服务，更多的咨询，更多的福利给您哦！回复 1：本周推荐影片；回复 2：本周热点总结；回复 3：乐迷开心；回复 4：乐迷活动。如果您要咨询问题，请发送 # 问题 # 给小编，小编会快马加鞭地赶过来～～"。

以此看来，乐视微信公众号构建了一个非常实用的干货社群，用户的任何问题在这里都可以得到解决。而打开乐视微信公众号的历史信息，则能看到其为用户发来的更多实用内容，如"影片推荐""体育赛事"等。

事实证明，有真正实用的内容才会吸引并留住用户。所以，在社群营销中，企业一定要给用户更多具有实用性的内容，这样才能更好地突出干货和价值。

4.2.3　做会讲故事的社群

在互联网营销中，如果以"内容为王"的法则来判断，则从某种意义上来说，不会讲故事的营销者不是好的营销者。如果社群运营者能够将产品故事化，讲用户爱听的故事，将在社群营销中独占鳌头。

用户是社群的主体，他们所关注的内容就是企业需要认真考虑的内容。假如企业花很大精力制作内容，但是没有获得用户的认可，那么只能是白费力气。所以，社群运营者在讲故事吸引用户时不仅要考虑内容的广度，更要考虑内容的深度，即要讲有号召力的故事，这样才能有效打动用户。

案例：哈根达斯

哈根达斯隶属于全球第六大食品公司——通用磨坊，其总部在美国纽约市布朗克斯区。据通用磨坊 2016 年的年报显示，哈根达斯 2015 年在中国的冰激凌销售额同比增长 15% 左右。与中国本土或其他合资品牌不同，哈根达斯冰激凌原料大部分都为进口。

法国朗姆酒、巴西咖啡豆、比利时巧克力、夏威夷果仁……这些原料经由全球采购之后纷纷进入位于法国 Arres 小镇的工厂，混合当地生产的鲜牛奶，制成原汁原味的冰激凌，然后通过运输船发往 80 多个国家。发往中国的产品首先到达上海，中转之后再发往全国各地。

哈根达斯就是很会讲故事的品牌，它落户中国时就曾一度将品牌打造成爱情的象征。那句"爱她，就带她去吃哈根达斯"的广告语在中国风靡一时，深入人心（见图 4-4）。其实，这句广告语来源于法国和欧洲流行的一句话，已经有 60 多年的历史。每到情人节，哈根达斯店都会举办各种优惠活动，并赠送玩具和明信片，客人非常多，异常忙碌。

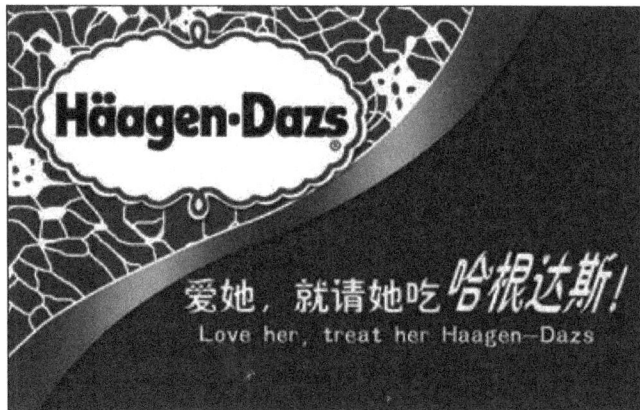

图 4-4 哈根达斯冰激凌和爱情

情侣们来此消费，目的不仅是品偿美味的食品，更是为了表达爱情。因此，当哈根达斯被打上了象征爱情的标签时，其附加值远远高于其他品牌。哈根达斯的很多广告都与"情侣""爱"这两个主题联系在一起，可见其选择的目标人群非常精准。

哈根达斯很少做广告，大多是通过社群运营在年轻人群体中形成了口口相传的口碑效应，其品牌在国内市场有很高的知名度和影响力。而同样作为美国冰激凌品牌的八喜早在1990年就进入中国，其知名度却远远落后于哈根达斯。哈根达斯通过线上和粉丝互动、线下开展活动，打造出了一个有故事的社群。而且，哈根达斯店面中关于爱情的渲染也突出了其形象，例如每款食品搭配表达爱情甜蜜的名字："心花怒放""浪漫爱琴海""浓情蜜语""月光恋人"等。

4.2.4 做不只是讲产品的社群

在社群中，用户的属性、个性和爱好都有所不同。因此，如果只讲产品，那么吸引到的用户只能是很少一部分。所以，在社群营销中，要想用内容吸引用户，就不能只通过讲产品来实现，而应该从更多方面的内容着手。

企业在社群营销中，除了产品，还有很多值得讲的东西，如情感、段子、服务、人物和事件（见图4-5）。企业在社群中不能只推广产品，但是也不能不涉及产品，这就需要企业把握好其中的度。那么，企业用什么方式来吸引用户呢？笔者建议，除了产品的特性以外，企业还要讲产品的延伸内容、成功背后的故事和企业文化等，综合利用这些更能和用户产生互动。

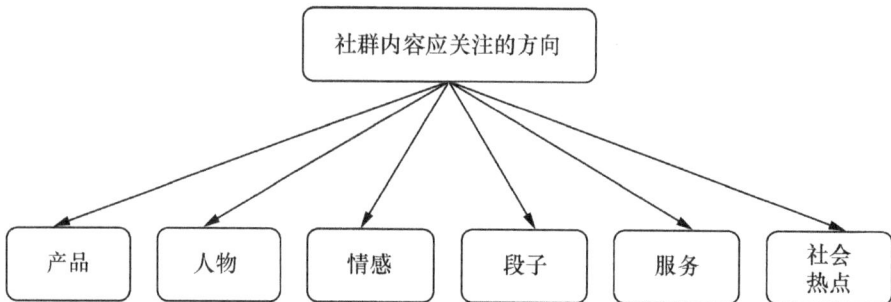

图 4-5 社群内容应关注的方向

无论是社群营销，还是其他营销方式，都是以成交为最终目的。企业要想赢得用户的认可和信任，就不能一开始全部讲产品，还应加入一些激励或者震撼用户心灵的内容，让用户发自内心地喜欢企业的产品。

案例：经典绘本

经典绘本是一个垂直细分的微信订阅号，主要发布有关绘本、育儿的内容以吸引粉丝关注，通过一年的发展，积累了 3 万多名高黏性的粉丝（见图 4-6）。

有了粉丝基础就有了精准的流量，经典绘本微信订阅号进一步申请了微信认证和微店，开通了微信菜单，并将微店放在显眼的自定义菜单上，其商品推介页面具备相当高的营销能力。经典绘本有订阅号图文消息的支持，有微店商品介绍页的详细介绍，可以进行团购和打折销售，拥有几万名粉丝，一次促销就轻松带来了几百份订单。

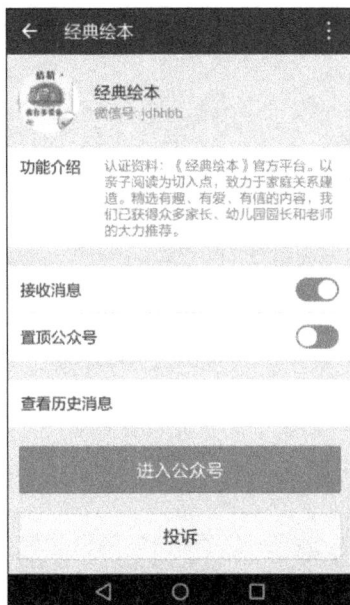

图 4-6　经典绘本微信订阅号的功能介绍

　　经典绘本不只是讲产品，还讲了很多如情感、人物和故事等内容（见图 4-7）。这些都能引起为人父母者的共鸣，让人倍感亲切。同时，微信订阅号使用"哈爸""哈妈"等人格化的形象，使推送方式更加平易近人，让其推送的有趣的教育图书和文化内容等能迅速引起家长们对教育和关爱孩子的思考。

　　经典绘本在产品上也取得了不错的营销效果。其首次在微店上传一套售价为 155 元的绘本时，早上发图文消息，告诉订阅用户可以到自定义菜单中的微店团购这套书后，当天的销售额就达到了 33152.5 元。

图 4-7　经典绘本里的故事

4.3 如何写出好内容

微信是基于智能手机和移动互联网的热门社交软件。而随着社群经济的到来，微信也因操作的灵活性和多样化成为社群营销的重要工具。微信的功能一直在不断变化，从个人账号到微信公众号，再到各种特殊功能，这些变化也促使社群商业更快速地发展。可以说，微信给社群商业带来了新的契机。

微信公众号是微信非常重要的功能之一，在这个平台上，企业可以推广内容、发布广告和产品等，而用户可以关注微信公众号，时刻接收来自企业的信息。微信公众号的粉丝越多，说明这家企业受到的关注就越高，其销售和推广业绩就会越好。因此，微信公众号是微信社群的大本营。

4.3.1　学会筛选内容，让内容传播起来

微信公众号的内容多半以文章的形式进行推送。有些文章让人读过后初步感觉不错，传播也还行，但是可能没有太多的价值。还有一些比较少见或内容较好的文章，可能因为比较小众，粉丝也未必会转发。所以，为了迎合粉丝，微信公众号运营者在筛选文章方面需要下足功夫。

（1）相关性

企业开通微信公众号是为了宣传企业文化和销售产品。那么，如何利用好微信公众号呢？这就需要写好与产品相关的文章，让粉丝阅读到这篇文章后能够更加了解产品，进而购买产品。例如，"桔子会"是电商和微商学习的社群，它的公众号会定期分享相关文章，进而让客户购买课程（见图 4-8）。

图 4-8　桔子会

（2）实用性

随着微信公众号功能的逐步完善，企业可以综合推出实用性较强的功能，如查询、天气预报和社区新闻。但微信公众号一定要选择实用性强的文章进行推送，让粉丝看到后可以立即学习，或者推送与生活息息相关的文章，让粉丝看完后能立即受益。例如，有关时事热门话题的文章就是一种实用性文章，因为大家对时事热门话题都比较熟悉。笔者建议企业宣传人员把这些元素综合添加到微信公众号文章中，一定会引起粉丝们的兴趣。例如，"我爱卡"不定期推出时事热门话题文章，在建军节当天盘点适合军人的银行卡（见图 4-9）。

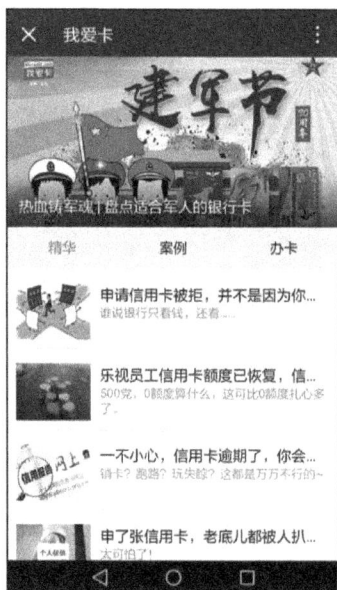

图 4-9　我爱卡

（3）趣味性

现代人的工作、生活压力较大，每天只有少量时间可以上网浏览网页。如

果微信公众号推送的文章具有一定的趣味性，粉丝在阅读时就会很放松，也会很乐意接受文章的内容。如果微信公众号推送的文章可以给粉丝们带来持续的欢乐，也将获得他们的持续关注。当然，趣味性的文章也不能太搞笑，需要把握一定的尺度。例如，"天才 | 小熊猫"推送的文章都具有一定的趣味性，尤其相声喜剧小品模块值得大家阅读（见图4-10）。

图4-10　天才 | 小熊猫

（4）互动性

微信公众号如果缺乏互动性，即使有再多的粉丝也说不上成功。因为微信公众号的质量不是由粉丝数量来体现，而是由粉丝的活跃度来体现。

例如，某微信公众号有100万粉丝，但他们不参加话题讨论、不购买商品，也不发生任何互动，那么就是"僵尸粉"，这样的平台毫无价值可言。而有些微信公众号虽然粉丝不过千人，但每推出一个活动都能引起粉丝的转发、参与及购买，那么这个微信公众号比有百万粉丝的微信公众号更有价值。"人民日报 lite"提供的话题"多城暂停共享单车投放，未来怎么办？"就引发了粉丝踊跃讨论（见图 4-11）。

图 4-11　人民日报 lite

4.3.2　怎样编制内容，让粉丝互动起来

微信公众号运营者在确定好内容之后，接下来就要对内容进行完善。此时可以做一张 Excel 表格，对内容进行分类，以便能第一时间找到合适的栏目（见图 4-12）。

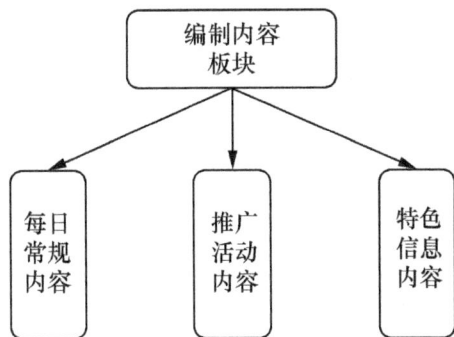

图 4-12　编制内容板块

（1）每日常规内容

每日常规内容是微信公众号的固定栏目，内容可以是原创的，也可以是引用他人的。在编制这类内容时，运营者可以根据自己的平台类型，按照生活消费、时尚美食和心灵鸡汤等划分标准对内容进行归类。

（2）推广活动内容

营销活动的成功离不开推广活动，一个微信公众号要想有更多的粉丝更离不开推广活动。推广活动不仅要吸引粉丝，更重要的是将产品销售出去。

企业要想提高知名度，就需要企业微信公众号运营者在活动内容上下足功夫。活动内容不能过多或过少，太多会让粉丝觉得这是一个广告平台，太少又会让粉丝觉得好处太少。企业微信公众号运营者在编制活动内容时，可以加入有奖转发或有奖参与等内容以回馈粉丝。当然，每到节假日，运营者也应该打破常规，推出大型活动栏目，让粉丝感受到节日气氛，从而增加互动。

（3）特色信息内容

在运营微信公众号时，笔者不建议直接发送信息播报这样的内容，因为粉丝会觉得这是在生硬地打广告。即便每个人都知道企业运营公众号的目的是将产品销售出去，但如果运营者向粉丝推送需求面比较广的信息，尤其是特色信息和热点信息，粉丝会更愿意接受。

有些中小企业的微信公众号只有一位运营专员，就必须做好合理的规划和安排。在时间的安排上，笔者建议划分为三部分，分别用来规划内容、撰写文章以及在平台上与粉丝互动。

4.3.3　写出抓人眼球的标题，吸引粉丝注意

微信公众号营销以内容为王，一条好的消息可以迅速增加粉丝数量、提升粉丝的黏度，从而给企业带来利润。因此，一篇好的文章不仅要根据企业的特点、产品的特点和粉丝的习惯来写，还要能得到高质量的转发，只有这样才能达到预期的效果。那么，到底怎样才能写出一篇好的文章呢？标题非常重要！好的标题可以引起粉丝注意，驱使他们阅读文章。

好标题应具备以下几个要素（见图 4-13）。

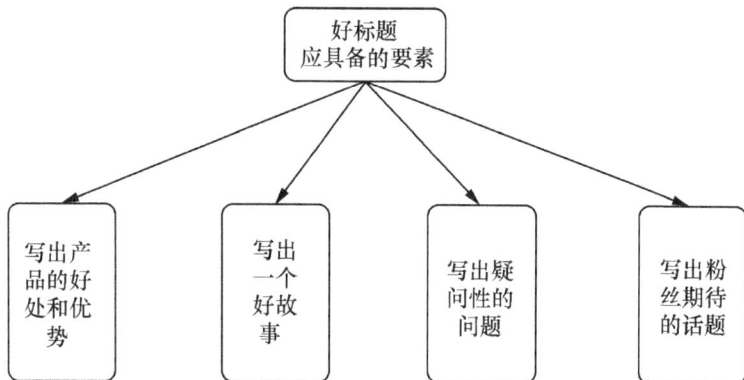

图 4-13　好标题应具备的要素

（1）写出产品的好处和优势

无论企业举办线上活动还是线下活动，都要让活动与粉丝的利益相关，这样才能让粉丝愿意参与活动。因此，这些活动推广的标题一定要直接告诉粉丝们可以获得的好处或者表现出产品的优势。

活动推广的标题务必要大胆创新、简单易懂、直接击中粉丝的关注点，如《原价99元，现在只要9.9元》《想变美吗？给我30天就够了》《一个月减肥20公斤不是梦，让我们一起减肥吧》。

（2）写出一个好故事

手机之所以成为人们的必需品，就是因为人们可以通过它来获取很多新鲜、动人和好玩的故事。其实人都是喜欢听故事的，只要故事够有料，人们肯定会好好听。

因此，运营者如果以故事的形式来写标题，就会把粉丝的注意力拉过来。例如，《霸气女创始人：我挖了迪士尼高管，2年把公司干到100亿》《摩拜CEO：失败了，就当做公益吧》。

（3）写出疑问性的问题

通过疑问引起粉丝的好奇，促使粉丝看到标题后就想立刻找到答案。要学会使用"怎样""如何"等句式，让人一产生疑问就想通过文章来寻找答案。

运营者在写这类标题时一定要揣摩粉丝的心理，抓住他们想要问的问题，他们才愿意阅读文章并分享给自己的好友。例如，《如何玩转社群营销，使企业利润达到300%》《中小企业如何做才能提高用户黏性》《和女朋友吵架的时候应该怎么做》。

（4）写出粉丝期待的话题

每个人都在寻找人生的答案，无论小孩还是成年人，即使他们对人生已经有所感悟，依旧还要去探究真理。基于这样的心理，运营者可以把文章标题和粉丝期待的内容有效关联。例如，《让老公宠爱你一辈子的小秘密》《50元人民币里的天大秘密》。

当然，一定要注意标题与内容是相符的，不能为了吸引粉丝注意、提高点击率而使用与内容不符的标题，那就是欺骗粉丝了。我们要做的是真心对待每一位粉丝，这样才能获得粉丝的关注和喜爱。

4.3.4　写出好内容，不得不说的秘密

微信公众号运营并不仅仅是写好文章那么简单，还需要做到以下方面。

（1）标题要具备广泛的传播性

一篇阅读量超过10万次的文章，标题的作用至少占到了80%。尤其是微信公众号的内容折叠显示后，用户在订阅号推送里只能看到标题，如果标题缺乏新鲜感，用户是不会点击的。

例如，一篇标题为《摩拜单车胡玮炜，身价从0到100亿只用了2年，在质疑声中完成了逆袭》的文章一经推出，阅读量瞬间爆棚。仔细分析这个标题："摩拜单车"直指当前热门事件；"逆袭"直指大众对100亿的各种幻想；"在质疑声中完成"则直指用户痛点——怎么做？可见，这个标题完美结合了当前事件、核心人物和核心需求。

（2）分析用户需求

阅读是用户使用时长仅次于社交App和游戏的一大需求。只要被需求，

就有被研究的价值。所以，运营者要分析用户的需求并且加大对选题的研究。我们发现，那些成功的微信公众号的原创内容，其选题不跟风、不从众，而是独树一帜甚至引领潮流。

用户需求可分为以下几类（见图4-14）。

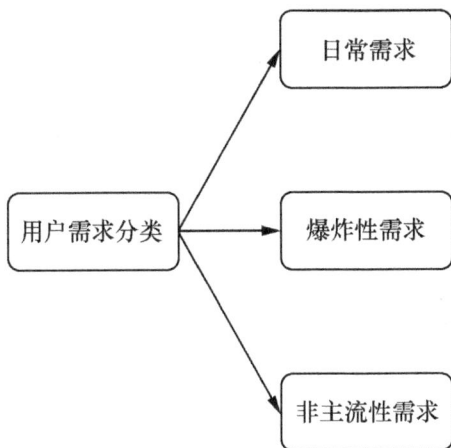

图 4-14　用户需求分类

① 日常需求

虽然各个微信公众号功能不一，但用户对公众号都是有基本需求的。例如，游戏行业的订阅用户除了想知道最新的游戏资讯以外，还想了解一些干货。运营商对这些常态化的需求不仅要做到日常覆盖，还要能够差异化提供。

② 爆炸性需求

爆炸性需求是指突发大事件之后，订阅用户对事件或人物产生了更深层次的了解需求，这就要求运营者具有挖掘事件背后所蕴含话题的能力。

③ 非主流性需求

现在的微信用户，尤其是"85后"和"90后"都有着极其强烈的非主流性需求。而且，这个需求越来越广泛。那么，微信公众号运营者在写文章时，必须要明确在什么时间、什么情况下写什么东西，做到具体问题具体分析。其实，微信公众号运营者最难做到的往往是满足用户的日常需求，这是最简单的，也是最困难的。

（3）选题要合时宜

选题的重要性仅次于标题，写什么比怎么写更重要。对于热门话题、专业话题，微信公众号运营者要先入为主。例如，选题可以采取逆向减法的方式来进行，这时运营者要多关注百度指数、微信热搜榜和同类型微信账号等渠道的选题变化。关注热点是为了避开热点。写 FDD（频分双工），咱写不过技术出身的自媒体人；写央行降息，咱也写不过那些金融人士。所以，微信公众号运营者要避开大锋芒，开辟处女地。

除此之外，微信公众号运营者还要避开那些很成熟的自媒体的选题。例如，与知名科技媒体的选题相比，你的文章写得再好，在普通科技行业用户心中也比不过他们，因为科技媒体的品牌效应已经形成了。

（4）摘要和配图可以加分

单篇文章除了好的标题以外，一个简短有力、概括性强又能勾起粉丝阅读欲望的摘要同样重要。摘要怎么写？运营者可以截取文章内的一段文字，概括性地总结这篇文章的主旨；也可以用反问的方式引起人们的思考和点开阅读的欲望；还可以用一段模棱两可甚至是不知所云的文字激起用户的好奇心。

事实上，写文章固然重要，但配图、起标题、写摘要所需要的时间远远超过写文章本身。此外，笔者还建议微信公众号运营者选一张与文章内容相关的配图，因为一张好的配图可以让用户不自觉地点开阅读。

（5）排版要美观大方

一些微信公众号往往忽略头部和底部以及排版，但有一些微信公众号给人的感觉却是简洁、大气、美观，这些细节对用户有一种潜移默化的影响。

微信公众号的文章本身就是一种产品，而排版就是 UI 视觉传达。一般情况下，建议微信公众号运营者排版时不要太花哨，主次分明、结构清晰即可；字体颜色不要太鲜艳，而且颜色不要超过三种，最好以淡色调为主。

4.3.5 写作内容的误区

微信公众号运营者在写作内容方面容易走进误区，主要表现在以下几个方面（见图 4-15）。

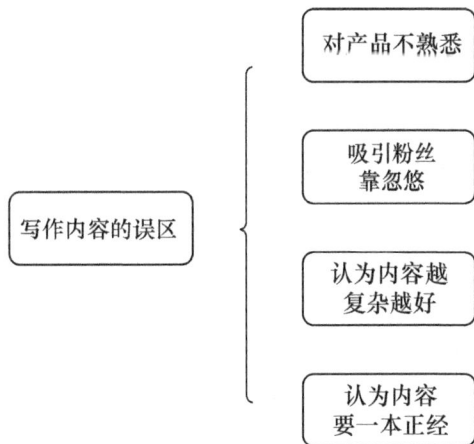

图 4-15 写作内容的误区

（1）对产品不熟悉

微信公众号运营者应该对自己的产品比较熟悉，但实际上很多运营者对自己的产品并不熟悉。原因是有部分运营者是代购商或代理商，他们不用自己发货，只需要销售。微信公众号运营者不了解自己销售的产品，自然也就不了解它的市场，最终导致推出来的文章因为比较刻板而不能吸引人。

因此，笔者建议微信公众号运营者好好学习行业动态、市场情况、用户痛点和竞争对手所写文章的内容，否则即使文笔再好也写不出好文章。

（2）吸引粉丝靠忽悠

现在社会比较开放，人与人之间的信息交流比较通畅，那种靠信息封闭而忽悠人的年代已不复存在。在微信公众号上营销更应该真诚待人，不要忽悠。微信公众号运营者如果任意夸大产品功能，言过其实，粉丝一旦发现就会对平台失去信任。

微信公众号是一个靠时间和精力来营销的平台，平台上的内容主要用于建立企业品牌的知名度，打造企业形象。微信公众号运营者要着重培养忠诚的粉丝，通过互动来营销产品，而绝不能靠忽悠。

（3）认为内容越复杂越好

内容不要太复杂，即内容要简单、直接、深入。通篇啰啰唆唆、绕来绕去，就是不说正事，这是微信公众号文章写作的大忌。写作微信公众号文章时必要的铺垫一定要有，一旦做足就要立刻进入主题。其实，越简单的内容就越具备广泛传播的基础。所以，优秀的微信公众号文章是在做减法，运营者要做的就是把选题用最简单、最直接的语言表达出来。

其实微信文章就是命题作文，笔者建议微信公众号运营者养成一个好的习惯，那就是先花时间想好写什么，然后立即着手起一个好标题。有了好标题，接下来组织文章内容才能有的放矢。

（4）认为内容要一本正经

现代社会中人们压力大，如果微信公众号的文章内容过于一本正经，大多数人是不感兴趣的。如果内容中有点"不正经"，做到风趣幽默，就会更吸引人，那种随意而为、搞笑点的和海阔天空的文章内容，其效果远远好于正规、严肃的文体文本。

第 5 章

社群营销实战案例

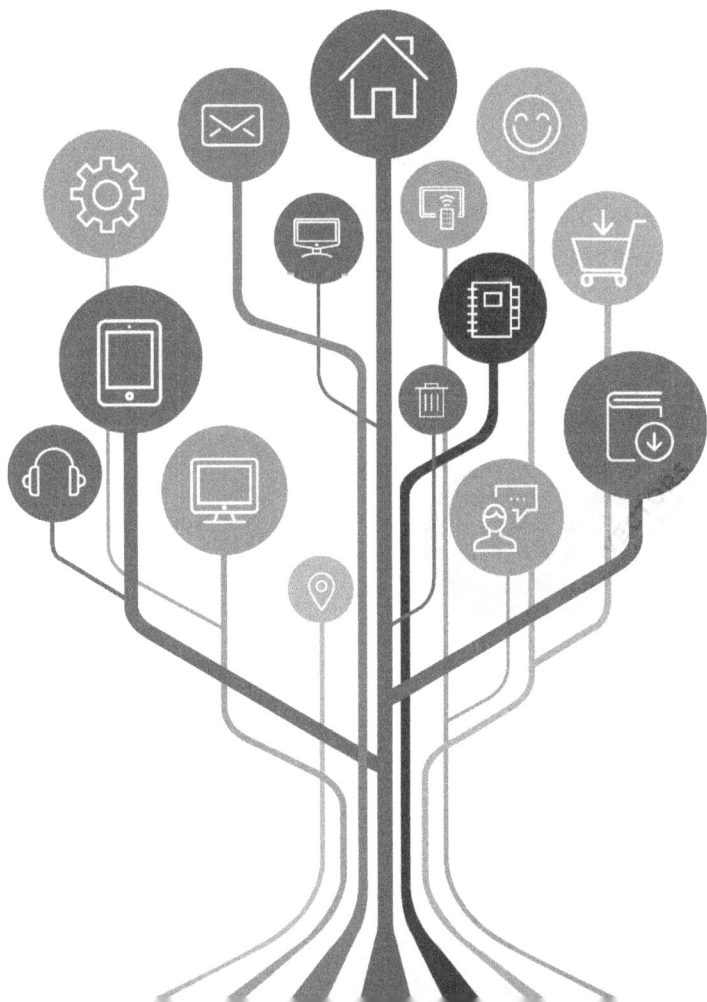

5.1 罗辑思维：估值 2 亿美元的社群价值

　　罗辑思维由罗振宇创办，目前是中国影响力较大的互联网知识社群之一。其产品包括微信订阅号、知识类脱口秀视频及音频、会员体系、微商城、百度贴吧、微信群等具体的互动形式，主要服务于"80后""90后"中有强烈的"爱智求真"需求的群体。

　　罗辑思维提出的口号是"有种、有趣、有料"，倡导独立、理性的思考，推崇自由主义与互联网思维，凝聚爱智求真、积极上进、自由阳光、人格健全的年轻人，是国内社群营销的典范。

　　罗辑思维于 2015 年 10 月完成 B 轮融资，估值 13.2 亿元。2016 年 3 月，罗辑思维与 Papi 酱合作，拍卖 Papi 酱视频贴片广告一次，全程负责策划监制服务。

5.1.1 "1000 个铁杆粉丝"理论

　　凯文·凯利有"1000 个铁杆粉丝"理论，即任何能传递正能量和价值观的创作者只需拥有 1000 个铁杆粉丝便能糊口。当然，这里的铁杆粉丝是指无论创作者推出什么作品，都愿意付费购买的人。他们愿意驱车几十公里来听讲座，愿意在社交网络上关注创作者发布的每一条消息，迫不及待地等着创作者的下一部作品……

你要先寻找 10 个、100 个、1000 个铁杆粉丝，他们可以帮你不断地改进产品，做口碑宣传。那么，如何打造 1000 个铁杆粉丝呢？必须先要有首批铁杆粉丝，他们之所以成为你的铁杆粉丝，是因为你不仅要给他们带来产品使用价值、知识技能价值、生活品质价值和精神愉悦价值，还要成为他们的意见领袖，你的微博、微信、QQ 空间上每一个动态都牵动着他们的喜怒哀乐。如果你不懂铁杆粉丝或者没有亲身体会过他们的心态，那么你的判断将会是不准确和不客观的。

所以，对"玩"社群最简单的理解是：意见领袖首先要有特点、有才华、有梦想，他的梦想可以造福社会或者满足特定人群的需求。将一个人的梦想变成很多人的梦想，罗振宇做到了这一点。

5.1.2 罗辑思维的奇迹

自 2012 年开播至今，《罗辑思维》长视频脱口秀已累计播出了 200 多集，在优酷、喜马拉雅等平台播放超过 10 亿次（见图 5-1），在互联网经济、创业创新、社会历史等领域制造了大量现象级话题。

但从 2017 年 3 月开始，节目全面改版：节目形态由原来的视频改为音频；由周播变成小日播（周一到周五连续播出）；节目长度由原来的每期 50 分钟缩短至单集 8 分钟以内；播出平台只限于罗辑思维旗下的"得到"App，其他

平台不再更新。2017 年 3 月 8 日，《罗辑思维》最新一期节目在"得到"App
上线。

图 5-1　《罗辑思维》视频截图

① 罗辑思维约有 25000 名会员，包括年付费 200 元的普通会员和年付费
1200 元的铁杆会员，每年会员费收入近千万元。这 25000 名会员构成了罗辑
思维社群的核心，交 200 元年费的普通会员有优先参加罗辑思维活动的权利，
而交 1200 元年费的铁杆会员每月还能获得一本赠书。

② 罗辑思维有 250 万名微信订阅用户，每日平均新增数千名。对此，罗
辑思维给出的说法是：目前新增粉丝没有固定规律，效果最好的方法是发送心
灵鸡汤类文章，但他们极为反对这种方式；活动涨粉较多；销售类的活动对涨
粉影响最小，以一次卖月饼的活动为例，第一天有不少粉丝甚至会员"愤然离
去"，但第二天又新增大量订阅用户。

③ 罗辑思维还拥有几百个微信群。这些微信群都属于非官方性质，完全

由各地会员自发组建，罗辑思维内部将其称为"朋友圈"。目前效果最好的是按行业和城市组建的朋友圈，如"律师朋友圈""IT 朋友圈""成都朋友圈""上海朋友圈"等。

罗振宇每天要做的重要事情之一是推出 60 秒的语音内容。通常情况下，这一段 60 秒的语音会录七八次，而最耗神的是这段录音内容的构思、成稿过程。据透露，有一次罗振宇在沙发上坐到凌晨 2 点才有了比较满意的内容！

《罗辑思维》视频在优酷上的总点击量已经过亿，但其制作团队只有 3 个人：一位"90 后"摄像师，一位只做过杂志、没做过视频的前媒体人，以及罗振宇本人。而录像和编辑设备的成本只有 5 万元。除此之外，罗辑思维还尝试每年举行演讲会（见图 5-2）。

图 5-2　罗辑思维跨年演讲

5.1.3　罗辑思维为什么成功

可以说，罗辑思维是一场互联网社群试验，罗振宇把自己视为"手艺人"，为大家读书，做大家的书童，集结一群勇于创新的小伙伴，一起用全新的思维方式重新发现世界。在谈到自媒体时，罗振宇分享了以下几点。

（1）做自媒体一定要"不靠谱"

在自媒体上，千万不能太端庄。自媒体不怕被骂，就怕被嫌弃，又土又笨还无趣的人最终会被淘汰。而目前很多企业微博之所以不能取得好效果，就是因为犯了"靠谱"的错。

（2）一定要有极客的精神

罗振宇举例说，罗辑思维的语音每次都会录到 60 秒，时间上的精准完全是靠他一次又一次的尝试，最多的时候要录几十次。而对"60 秒"的执着完全是他自己的一种处女座式的"强迫症"。

（3）一定要有自恋精神

做自媒体一定要自恋，要真正发自内心地自恋才能有"自我"。按照罗振宇的说法，他就是这么自恋，就像他经常在视频和语音中提到的那样，"如果你不想听我说话，那就不要听"。

（4）打造魅力人格体

魅力是互联网世界中的稀缺物资。打造自媒体，就是要打造自己的魅力人格体。而前述三点内容基本上概括了魅力人格体的三要素——不靠谱、真牛、自恋。

（5）做自媒体要去组织化

小米之所以那么成功，是因为它重构了组织，拥有跨组织边界的"米粉"。小米公司内部只有两个层级：创始人级别和员工级别。试问这样强大的组织力，传统企业如何竞争得过？同理而言，传统媒体庞大的组织体系如何竞争得过拥有外部组织的自媒体？

（6）一切产业皆媒体

苹果本质上是一家媒体公司，它整合了全球最好的制造业企业和开发者，自己要做的事情只是发布产品。据罗振宇透露，罗辑思维现在也在办一件大事，即通过会员组织建立一个创业集群，而自身则类似于交易所。会员可以发起项目，通过罗辑思维这个平台融资、融人才。

（7）体验经济时代正在到来

未来冷冰冰的工业品会变得越来越没有稀缺性，摆脱匮乏将是整个世界的趋势。而有稀缺性的是能够打造出体验场景、被魅力人格体所影响的产品。如罗永浩的锤子手机，尽管产品还未推出，仅罗永浩在微博上试预订就能引来无数人捧场。

（8）自媒体不需要定位

自媒体的魅力在于不确定性。罗辑思维从来没有定位，用户不知道明天会有什么样的内容。相比而言，目前那些将自己限制在特定领域的自媒体发展得都不是很好。

5.2 正和岛：高端企业家社群

正和岛是一个中国商界高端网络社交平台，为企业家人群专属、线上线下相结合，为岛邻（会员）提供缔结信任、个人成长及商业机会的创新型服务平台。为了保证每个来的人都是对的，正和岛对会员采取了严格的实名制、会员制、收费制、邀请制。

正和岛通过线上线下产品将让登岛的企业家获得以下价值：

第一，缔结信任——让有信用的企业家在一起，让在一起的企业家更有信用；

第二，个人成长——推动企业家线上线下互相学习，帮助他们高效提升决策智慧、突破管理瓶颈；

第三，商业合作——推动企业家之间的相互了解信任，帮助他们实现资源安全对接，做到抱团发展、合作共赢。

5.2.1 企业家版的 Facebook

说到正和岛，一定要从它的发起人说起。刘东华是正和岛董事长兼 CEO、中国企业家俱乐部创始人和常务副理事长、《中国企业家》杂志社首席顾问，他长期为以企业家为主体的决策人群服务，洞悉他们的核心需求，并以健康的价值观和善于对结果负责的能力赢得了决策人群的深度信任。

刘东华先是于 2006 年底创立了中国企业家俱乐部，现任常务副理事长，柳传志任理事长。中国企业家俱乐部由中国 31 位最具影响力的商业领袖、经济学家和外交家发起，目前已成为中国极具影响力的商业领袖俱乐部。俱乐部创立了中国绿色公司项目、中国绿色公司年会、中国绿色公司联盟以及《绿公司》杂志，致力于推动中国企业通过打造良性生态赢得可持续发展。

刘东华曾任《中国企业家》杂志社社长兼经济日报出版社社长，《中国企业家》杂志在他的领导下成为中国主流商业财经杂志公认的领导者。他还创办了中国企业领袖年会，该年会到 2016 年底已成功举办十五届，是中国极具影响力的商界盛会。

2010 年，刘东华辞去《中国企业家》杂志社社长，创办正和岛，希望借助互联网的力量将 20 年来集聚的价值放大，服务更多的企业家群体。当时，移动互联网远没有今天这般繁荣，微博还处在移动端产品的中心。所以，正和岛上线后的很长一段时间，刘东华还经常用"企业家版的 Facebook"这种形容来帮助外界更好地理解正和岛。

5.2.2　发展历程

自 2012 年 6 月开岛以来，正和岛已经吸引了近 6000 位岛邻登岛，其中有将近 5700 位企业家及 300 多位专家学者、媒体领袖，遍布全国各个地区与行业。经过一年多的发展后，正和岛在包括江苏、浙江、上海、广东、山东、四川、重庆在内的 23 个省、自治区、直辖市成立了正和岛岛邻机构，让原本散落在天南地北的岛邻通过正和岛越来越紧密地连接在一起。

2012 年 6 月 1 日下午，在北京中国大饭店会议大厅，企业家们迎来了一个特殊的儿童节。众企业家玩起了 20 世纪 50 年代至 80 年代属于儿童们的游戏——打陀螺、踢毽子、打弹弓、玻璃球、纸飞机等，这是一个属于巨人的儿童节，也是正和岛的开岛仪式。

2013 年岛邻大会，1700 多位岛邻一起过了巨人儿童节。正和岛开始成长为一个真正的企业家生态圈，实现了马云给正和岛的建议：让大家自助、互助、他助。

2014 年岛邻大会，企业家们集体"不二"，预见不一样的未来。线上线下 3000 多位岛邻怀揣一颗不二之心，共寻不一样的未来，共品商业之美。

2015 年岛邻大会，在"三生万物"的宏大主题下，是 5000 多位岛邻对"大树前头万木春"的信心与期待。正和岛创始人兼首席架构师刘东华说，正和岛只有成长，没有成功，因为成长是无限的，企业家精神在这个世界上将无限地绽放。

2016 岛邻大会，正和岛上线四周年。近 6000 位岛邻在新的历史阶段共话"敬畏与相信"，共同守望内心的激情和理想。

5.2.3 探索不止，初心不变

在 2016 年发布的中国民营企业 500 强榜单中，有 82 家正和岛岛邻企业上榜，而前 10 强中有 6 家都是岛邻企业。

目前，正和岛有 300 余位岛丁（对正和岛服务人员的称呼），服务岛邻（对加入正和岛的企业家的称呼）6000 余人。相比另一个有代表性的社群——罗辑思维 20 多人的团队服务 300 多万粉丝和 20 多万会员，正和岛显然有其特殊的理由："因为企业家是全世界最难伺候的一群人，没有一定数量的服务人员，显然无法保障体验。"这或许是正和岛与常规社群最明显的区别，当然也是最大的挑战。

据不完全统计，2016 年正和岛的收入为 1 亿多元，而其运营成本为 8000 万元左右，其中人力成本为最大支出。有内部员工表示，服务团队的庞大也从另一个侧面反映出正和岛还没能清晰地界定服务与产品的边界。连刘东华本人也多次坦言，"正和岛创建四年多来，确实有各种各样的问题"。但是，依然也有很多好东西在正和岛上茁壮生长。

在短时间内，我们还无法预测正和岛未来将成长为什么样子，但毫无疑问，刘东华及其团队的探索不会停止，创建正和岛的初心更不会改变。

5.3 戏锅：专注小火锅

厦门先品壹觉餐饮有限公司成立于 2014 年，主要经营"戏锅"品牌火锅连锁店（见图 5-3）。

图 5-3　戏锅：专注小火锅

5.3.1　背景介绍

"戏"是中华博大文化的浓缩，如京剧、黄梅戏、皮影戏、马戏等。而戏锅的"戏"可理解为是在"戏"的传统意义上进行衍生，通过视觉、味觉、听觉三者进行演变。视觉即装修风格、食材展示、产品出品；味觉即新鲜、好吃的食材；听觉则是舒适愉悦的环境氛围。

戏锅的总经理罗国华在思考品牌名称时，"戏"字突然跳入脑中。而"戏"的繁体中有"豆"，戏锅针对"豆"有新鲜、现做的各类食材，这也将颠覆大众对传统豆制品刻板的固有印象，使其成为戏锅主打食品之一。"戏"的同音字有"细"，也代表戏锅将运营细节做到极致，通过新鲜、现做的食材和标准化的运营体系，为顾客展现出戏锅品牌的丰富内涵。

5.3.2　社群维护和运营

对于品牌来说，社群营销的目标是为了构建更多和用户的接触点，让品牌和用户之间的连接时间持续得更久。

对于餐饮品牌来说，除了海底捞火锅对顾客的极致服务以外，还有没有使用强黏性社群延伸接触点的案例呢？

我们不妨试着还原一下戏锅把社群"玩"起来的过程。

第一步，提升自己的格调。戏锅不只是卖火锅，还是富有时尚个性和娱乐精神的心灵居所（见图 5-4）。

第二步，将线下主题活动作为社群种子用户的入口。社群要落地，社群成员终究是要见面的，线下活动永远是不可或缺的第一步。为了打造这个入口，戏锅策划了"骑葩的幸福生活"线下主题活动。

图 5-4　戏锅店内的温馨场景

（1）把自行车陈列在门店显眼的地方，吸引目标用户关注其微信公众号预告，为活动埋下伏笔。

（2）在厦门的本地自媒体大号上连续三天发布软文，对活动进行预热，从对厦门城市环境到对公共自行车系统的关注，最后发布骑行活动的方案，步步为营地铺垫。

（3）在活动前期，戏锅找到部分关键意见领袖进行试骑，每天发布日记，带动周边朋友进行传播，通过活动导引种子用户进群。种子用户拥有的权益包括以下方面：

① 免单权，优先、免费尝鲜推出的新品；

② 物质优惠，不定期发送优惠券；

③ 物质实惠，给用户发"年终奖"；

④ 专属权，优先参与戏锅不定期发起的聚会活动和户外项目。

第三步，维护与激活社群。

（1）社群角色设计

"美女老板"作为品牌形象代言人和首席客服，是社群的群主和组织方，负责调节气氛和引导话题，这样能激发社群的活力。而使用户成为社群的关键意见领袖，可以让他们分享戏锅的就餐体验、趣味美图、信息互助以及群友约饭等。

（2）线上线下玩法

戏锅在线上进行各种互动，如提供代金券专享、金牌群友特权，发红包，微信公众号转发量评比和问卷调查结果反馈。同时，戏锅也在线下举办各种活动，如骑行、试吃、约饭等。

（3）社群成员归属感玩法

每月 28 日是戏锅会员日，全店只接待会员。戏锅高层指出，愿意成为戏锅会员的人肯定是戏锅的真爱粉，而戏锅对待真爱粉一定是有诚意的！

5.4 人马君：做健康有效的减肥社群

人马君的创始人王寅从 2013 年开始关注健身塑形，他同时也是健身知名账号"人鱼线 vs 马甲线"的博主，用一年时间依靠健身自媒体平台吸粉超过 100 万人。2014 年 10 月，王寅组建团队，创办了人马君。

目前，人马君已发展成为国内领先的健身服务品牌，它利用具有针对性的科学健身方法，打造了有史以来最健康有效的瘦身塑形方案。人马君创办一年多时间里，累计服务超过 5000 人，服务对象瘦身成功率达 95%。

5.4.1 社群定位

如果我们假设一群人因为健身这个目标聚集在一起，就会发现这是个伪命题，因为每个人健身的内容是不同的，无法用统一数值衡量。但减肥是可以用统一数值衡量的，我们可以把减肥的目标设定为三点：体重、体脂率和三围。

其实，人马君在做健身社群之前，其理念就获得了数十万粉丝的认同，并以此培养了数以千计的从人马君减脂营成功毕业的学员和督教。不难看出，人马君的社群定位就是做健康有效的减肥社群（见图5-5）。

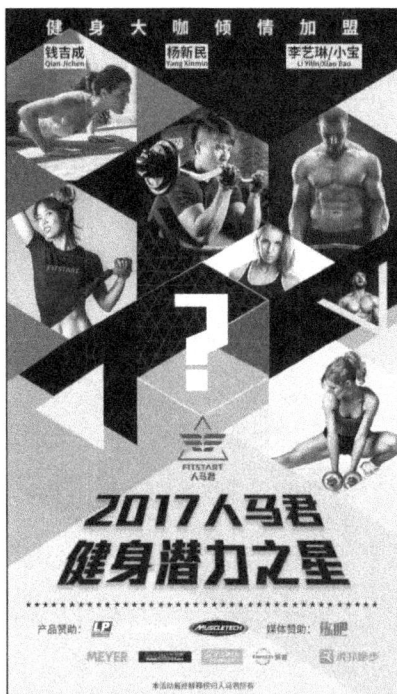

图5-5　人马君潜力之星活动

5.4.2 社群运营

人马君做自媒体，通过官方微博和微信发布健身干货和活动信息聚集了百万粉丝。其实，人马君也尝试过做微社区。当时微社区在自发状态下每天有千条粉丝互动信息，但人马君还是果断放弃了，因为在健身领域中采用微社区的形式只能吸引数量有限的健身达人。

健身对于中国人来说是很遥远的概念，但是"减肥"二字就非常接地气。在中国，减肥对于男性不是痛点，但对于产后辣妈来说则恰恰相反，她们非常愿意求助、传播和带动身边更多的朋友投入到减肥事业中。因此，人马君把核心用户定位为产后妈妈和那些20～35岁的微胖女性（见图5-6）。

图 5-6　人马君身材定制活动

人马君App1.1版本发布后，除了在自家的自媒体平台发布之外没有做更多的推广，其中很大部分的原因就是他们坚信质量比用户量更重要。在App1.1版本发布后的一个月内，人马君的运营者把更多精力放在了关注用户行为和运营核心用户上。他们精选减脂营优秀学员和督教成为人马君小组组长，由组长邀请用户进入微信群。组长在微信群里对用户行为不做任何限制，也不处理投诉，让微信群自己发展。

当人马君用户数在 10 万内时，运营者可以通过控制核心用户来干预所有用户。但是，当用户数更多的时候，运营者就开始建立社群机制。人马君运营者还对小组组长、积极发帖者和看帖者的心理状态及激励措施等做了大量调查和分析，整理出调查报告并根据结果按照优先级逐渐更新完善 App 版本，以便更好地满足用户的需求。

5.5 爱奇艺：带着视频冲击营销

爱奇艺首席营销官王湘君认为"融合、纯网、跨界"是内容营销的三大核心力量。对于 2015 年视频自制领域发生的巨变，王湘君感触很深，她说以前的自制像微风，而 2015 年时则变成了飓风、台风。在爱奇艺平台，内容项目流量破亿的时间从之前的按月、按周到按小时计算。

"强大生长的平台，适者生存的基因"是爱奇艺不断刷新流量纪录的基础。从营销上看，内容营销成为大势所趋，无论传统行业还是新兴行业的用户，不仅在投入规模上屡创新高，而且在营销创新上实现了质的飞跃。从爱奇艺在2015 年所取得的成功来看，网络视频行业的三种趋势已经形成。而且，这三种趋势在 2016 年爆发出了更巨大的能量。

5.5.1 融合趋势

2015 年，优质内容与爱奇艺平台的融合创新创造了许多惊人的数字。网友耳熟能详的《花千骨》创造了 70 亿人次的点击纪录，紧接着是点击量接近 30 亿人次的《武媚娘传奇》，以及 2016 年创造现象级 26 亿人次点击量的《盗墓笔记》，这些都让全行业感到意外和震惊。以前业内普遍认为，电视剧的播放量要想得到保证，离不开强势的传统播放平台，如湖南卫视、浙江卫视等。但是，《盗墓笔记》创造了一个奇迹，它只在爱奇艺平台上播出，而这一个又一个数字颠覆了播放平台的格局。传统优质内容、优质团队与网络平台的融合与碰撞，已经产生了意想不到的流量和产业价值。

5.5.2 纯网趋势

如今，内容产业变革所带来的影响可能不亚于过去任何一场工业革命。而在这场革命浪潮中，爱奇艺汇聚顶级资源屹立潮头，成功定义了前所未有的纯网时代，使纯网内容逐渐成为营销的主宰者。这表现在两个方面：一是内容品质和商业价值的根本性提升，二是青出于蓝而胜于蓝的互联网优势。

纯网内容不仅继承了传统内容高品质的制作工艺和制作团队，更具备了在新生代群体洞察上的天然基因优势，在互联网语境中有着更强大的生命力。事实胜于雄辩，《奇葩说》和《爱上超模》的成功不仅在流量上横扫同期各种综艺节目，更在年轻人中掀起巨大的话题旋风。特别值得一提的是，这些纯网节目也使网络冠名走进亿元时代，在商业价值变现的层面印证了纯网时代的到来。

5.5.3　跨界趋势

2015 年，用户更垂直、更细分，他们纷纷在自己深度喜爱的领域形成社群。由高黏性喜好延伸出极高的品牌忠诚度，这是我们必须要把握的现象与趋势。最明显的案例就是《吴晓波频道》创造了 3 亿人次的点击量，其中 100 万人次来自中坚人群的深度订阅用户，1.1 亿人次来自在爱奇艺平台看过这个节目的大众粉丝。《吴晓波频道》现已成为互联网上财经类内容的第一节目和第一自媒体，充分并深度影响着垂直领域的行业粉丝，通过视频内容创造出巨大的商业价值。

"今天爱奇艺做的不仅仅是娱乐内容，也在打造垂直行业节目带。今天，在一个垂直内容的领域里面更容易形成观众群落，增强内容黏性，形成行业偏好，产生消费意愿，通过产业跨界将实现粉丝经济的深度开发。"爱奇艺销售副总裁陈潇如此表示。

爱奇艺深耕旅游、科技、健康、体育和财经等细分领域，占领垂直内容的优势资源。在奥运年里，爱奇艺大力发展自己在体育领域的轻奢新主张，在网球、高尔夫、格斗和极限运动等带有轻奢色彩的体育领域购买了大量独家版权的节目内容，囊括了超过 50% 的网球顶级赛事资源，包括美网、澳网和中网等，总共超过 1500 场直播。值得一提的是，美巡赛副总裁、大中华区董事总经理葛国瑞（Greg Gilligan）亲临会场，表示十分高兴与爱奇艺达成长期战略合作。更有国际女子网球巡回赛（WTA）总裁米奇·劳勒（Micky Lawler）远道而来，与爱奇艺 CEO 龚宇完成了 2017—2026 长达十年的现场独家签约仪式（见图 5-7）。

图 5-7　WTA 与爱奇艺签约

　　这些极其重磅的资源将可持续、深度地影响部分垂直人群。财经方面，在爱奇艺平台上生长起来的《吴晓波频道》以巨大的流量成为互联网上财经类节目的第一自媒体。而吴晓波联合诸多经济大咖创办的《大头频道》，也已成为2016 年最值得期待的视频创新节目。

5.6 美拍：调动用户参与感的聚集地

　　说起美拍，可能还不算是家喻户晓，但如果"扒"一下美拍的幕后公司美图，很多人就会觉得耳熟。美图公司孕育了众多产品，软件方面的代表有美图秀秀、美颜相机、美妆相机和柚子相机等，硬件方面有美图手机。其中，美图秀秀、美颜相机称得上是国民软件，其用户包括上至 60 岁的大爷大妈、下至 15 岁的少男少女。

5.6.1　在短视频领域确立地位

短视频领域的发展过程，就是一个又一个短视频产品不断弯道超车的过程。美拍把握住了时间窗口和用户诉求，最终确立了自己的地位。

作为美图公司在短视频领域的旗舰产品，美拍一经推出就立即俘获了无数少男少女，风头在极短时间内盖过当时腾讯的重点产品之一微视，迅速登上了 AppleStore 排行榜榜首，其精彩程度不亚于网易云音乐在音乐市场中的突围。在分析美拍的同时，我们可以借此厘清经常提及的互联网概念：洞察用户需求。

5.6.2　美拍取得成功的核心因素

2014 年以前，4G 网络并未普及，基于网络环境和流量资费，社交场景多以朋友圈图文的形式存在。图片比文字具备更强的表现力，因此成为用户经常用来展现自我的工具，以至于人们发布一条动态信息，如果不配上图片就会感觉有些别扭。

爱美是人的天性，不管男女老少，而女性的需求大于男性的需求。为了满足这个需求，美图秀秀和美颜相机相继诞生，目的是让用户"眼"中的自己变美，将最美的一面展现给别人。产品团队对年轻用户群体需求的把握十分到位，并以此为基础形成企业基因，在其作用下又诞生了一系列美图系产品。

用户在什么样的场景下会使用美图秀秀和美颜相机呢？当然是在照片即

将分享或未来要分享到社交网络（微信、新浪微博等）的时候。因此，美图系产品的使用场景和社交场景是互相匹配的，不会陷入强行做社交所产生的尴尬境地。

2014 年以后，4G 网络开始普及，这为短视频的生长提供了天然的土壤，从工具型产品向社交型产品转型，此时便有了美拍。

美拍取得成功的核心因素包括但不限于以下几点：

第一，产品团队对时机的把握；

第二，产品团队对年轻用户群体需求的把握；

第三，社交并非生拉硬拽和凭空捏造；

第四，自家产品的导流。

5.6.3 制造热点话题

话题应该划分到用户运营中还是内容运营中呢？笔者认为，话题应划分到内容运营中来，通过制造话题带动用户的参与。

每隔一段时间，就会有一个比较火的话题在美拍社区广泛传播。例如，曾有一种舞蹈叫"咋了巴巴"，当时很多人都在跳；过段时间又有一种叫"seve"的新舞蹈流行，风格有点像街舞中的 breaking，难度不大，参与的用户也很多；还有"假人挑战"——做某件事的过程中突然定格不动，这些活动不管是明星还是普通用户都会参与。而"冰桶挑战"则从美拍社区内部向外部扩散形成现象级事件。

话题不仅可以调动用户参与的积极性，还可以很好地把握时尚潮流动向和热点话题事件。这两点是年轻人非常感兴趣的，他们不仅乐于参与，还喜欢分享互动。说不定哪个话题就会成为某个时间点互联网中的现象级行为，在短时间内为产品带来极大的流量和社会关注度。

5.6.4 体现美拍商业价值的直播比赛

2017 年 1 月 11 日 20 时至 23 时，微播易联合美拍在上海举办 2017 年社媒领域的一场直播"轰趴"——微播易"风向 2017：垂直的力量"美拍之夜。这是微播易于春节前夕举办的第二场根据直播特性完全定制的大会。

美拍作为最具品牌营销价值的短视频和直播平台，在年轻用户垂直类视频、直播领域拥有强劲的实力。目前，美拍月活跃用户数量高达 1.1 亿，拥有 14 个垂直频道、上万个专业账号，云集了诸多高质量、高消费能力、黏性强的年轻用户群。美拍已经成为品牌在短视频和直播领域投放广告、进行市场营销活动的首选之一。2016 年 12 月，美图公司一举登陆港股，市值达到 359 亿港元。

而作为平台的微播易，目前云集了包括视频自媒体、直播、微博、微信在内的 80 万个社媒资源，为超过 30 万家广告主成功打造了 75 万个社媒传播案例。其每年年底举办的聚焦自媒体的风向大会一直致力于打通自媒体、平台、品牌之间的连接。

根据 2016 年行业趋势，微播易将大会迁移到直播平台上举行，意在通过此类形式与业界沟通 2017 年的新趋势与新玩法。此前微播易已与美拍达成了战略合作伙伴关系，此次双方以线上峰会为契机再次联手，势必会带来一场精彩的行业盛宴。

此次美拍之夜继续围绕"垂直的力量"主题进行（见图 5-8）。2017 年 1

月 11 日 20 时到 23 时，在 3 个小时的直播中，微播易设置颁奖、干货分享、达人互动等多个环节。来自微播易及美拍两大平台的负责人、高端女性时尚品牌用户代表以及专业投资人，在现场围绕行业数据、美拍达人、美拍平台给品牌带来价值等方面进行深度分享。同时，美拍超级达人集体到场并与粉丝进行线上深度互动。

图 5-8 "垂直的力量"主题活动

5.7 蜻蜓 FM：做最好的网络收音机

2011 年 9 月 15 日，国内首个互联网音频聚合平台蜻蜓 FM（iOS）上线，半年后用户数突破 1000 万人，声音的互联网新纪元由此开启。蜻蜓 FM 之所以能在短时间内聚集这么多用户，根本原因在于以电台聚合起步，以生产 PGC 内容起家。2016 年，蜻蜓 FM 已经发展为聚合全球 3000 家中文电台、全国 1000 家高校电台，拥有 12000 名主播，超过 900 万小时有声节目，内容覆盖音乐、科技、新闻、财经、商业、小说等各种类型的综合类音频平台，并在 2016 年初拆除 VIE 结构，获得 D 轮融资。在外界看来，蜻蜓 FM 无疑是互联网音频行业的领跑者。

5.7.1 蜻蜓 FM 是做什么的

蜻蜓 FM 是一款广播收听应用，全面收录了全球广播电台。而且，蜻蜓 FM 已与数百个电台、DJ 合作，拥有 13 个类别、6 大功能、3 大特色，为众多广播迷打造跨地域收听广播的完美体验。其特色功能包括以下方面：

（1）详细的节目单和电台信息让用户实时了解节目内容并制定收听计划；

（2）让用户与主播亲密接触，近距离互动，跟随 DJ 一起"嗨"；

（3）用户可以关注电台、节目的每日话题，更好地参与讨论，优秀评论会被主播选上节目。

5.7.2 创建声音场景化服务

虽然收看互联网直播成为大众热衷的一种娱乐形式，但是目前国内的音频市场起步不久，用户习惯尚未真正养成。因此，通过去中心化打造长尾的内容，才能把音频平台做得更大。而品牌本身除了利用"知识分子"用户群形成的"以人为媒介"的传播以外，线上线下的活动也必不可少。据了解，目前蜻蜓 FM 已经与包括福特、沃尔沃、宝马、奥迪等品牌在内的超过 50 个汽车厂家合作，拥有 300 万的 App 预装量。同时，蜻蜓 FM 也向车载后装市场发力，涉及传统的车机、OBD（车载自动诊断系统）产品、后视镜等车内联网智能硬件终端。除了车联网以外，智能家居领域如飞利浦、SONOS、DOSS、安桥音响等，以及中高端蓝牙及 Wi-Fi 音箱、海尔智能冰箱上都搭载了蜻蜓 FM。而且，国内知名数码音频企业 DOSS 再次向智能家居语音系统进化，联合蜻蜓 FM 和阿里智能发布新品"音乐猫"，为用户带来一款拥有全新应用体验和改变用户使用习惯的数码音频产品。

另外，近年来蜻蜓 FM 利用多渠道探索音频的直播传播活动，对外部有大量收听价值的大型论坛、会议等进行同步直播。例如，GMIC 全球移动互联网大会、罗永浩的锤子手机发布会、奇点创新者峰会，以及上海交通大学 EMBA、复旦大学 EMBA 和中欧商学院的系列讲座论坛等，蜻蜓 FM 的直播受到了百万量级的关注。

5.7.3 创造用户体验与赢利的平衡点

中国传统广播广告的规模占中国所有广告市场的比例约为 3.6%，而美国传统广播广告的市场份额占所有广告市场的 10%，大概是中国的 3 倍。缺钱、难赢利是整个移动电台行业的缩影，和视频市场一样，赢利模式操作起来阻力重重。除了用户日活基数的问题以外，在移动电台做广告，究竟是互联网广告还是广播广告的问题也让广告商颇为头疼。

在线音频广告有三个特征：形式多元、内容走心、互动性强。

第一，音频可跨场景收听，是唯一在智能手机上效果超过了 PC 的应用；

第二，在最受欢迎的睡前情感类节目中，音频广告植入的接受度比文字图片或视频都要高；

第三，移动网络的优势赋予了音频广告更强的联动性，用户可以通过评论留言进行直观反馈。

蜻蜓 FM 的赢利模式主要有两个。第一个是广告模式，除了蜻蜓 FM 平台的页面露出广告以外，也有一些如电台或节目等协议合作的嵌入式广告。第二个是用户付费模式，2014 年蜻蜓和国内最大的有声书版权商央广之声合并，并与移动、电信、联通等三家运营商开展合作。运营商的看书、听书产品里都带有蜻蜓 FM 的音频，如果被用户订阅会有很大的商业价值，产生的收入也相当可观。同年 3 月，蜻蜓 FM 启动了以"为情感付费"为核心价值观的商业化进程，至今已建立了硬广、软植、音频贴片、付费收听、定制电台、主播打赏、网上商城等全方位的商业化生产线。

5.7.4　蜻蜓 FM 和高晓松

《矮大紧指北》的节目口号是"高晓松指南，矮大紧指北"。至于为什么要选择自己的花名"矮大紧"作为这档节目的主题，高晓松在发刊词中是这样解释的：高晓松是大众眼中的知识分子、文艺青年，在《晓说》中只和大家交流符合知识分子价值观的观点，矮大紧则是一个幽默的、逗趣的、接地气的、截然不同的形象。

与蜻蜓 FM 的合作是高晓松首次对外宣布"矮大紧"与自己的强关联性，并将"矮大紧"与"高晓松"的差别娓娓道来。他说，矮大紧跟高晓松不一样，高晓松从小受到的教育是纵横四海、改造世界，但矮大紧却一肚妙点子、满口俏皮话。因此，矮大紧绝不向世人传授所谓的成功学术，他在每周一、三、五的三大栏目——《指北排行榜》《文青手册》《闲情偶寄》中谈朋友、说美女、聊生活。乍一看很普通,但实际上高晓松的节目从来不缺乏知识性,只不过矮大紧独创一套方法,从更生活化、人性化的角度为用户创作更适合碎片化学习的产品。尤其对于年轻用户而言,他们能从《矮大紧指北》中获取很多对生活、工作甚至是对人生规划有价值的信息。而且,这种进步和成长将是轻松且润物细无声的。

5.8 咕咚跑步:打造运动版的微信

如果朋友圈里有爱跑步的朋友,你会发现朋友圈时不时会被晒咕咚跑圈的人刷屏。大部分爱跑步的人对"咕咚运动+"绝不陌生。据统计,咕咚是2016年国内市场占有率最高的运动 App,它的社交元素使跑步这项看似枯燥乏味的运动变得有趣又好玩,鼓励了更多人加入其中。

5.8.1 让运动更有趣

咕咚创始人申波曾就职于阿尔卡特、思科、诺基亚、西门子等公司,作为一名工作压力巨大的 IT 人,他深知运动对身体健康的重要性却并不爱运动。据申波自己介绍,他创立咕咚和扎克伯格创立 Facebook 有点像,扎克伯格因在学校里找不到女朋友而创立了社交网站,他因不爱运动而做了运动软件以解决自己的运动问题。

也许正因为如此,申波深谙运动者的心理,一个人跑步实在是枯燥乏味,难以坚持。他认为,要解决运动锻炼的枯燥问题,就需要把社交因素整合进去。"比如说我的好朋友也在运动,我的同事非要和我挑战,或者说我跑步之后网站会给我发电影票，那我就有动力能够持续去做这件事，因为我有一个目标。我们可以在网站设置一个游戏，比如基于地理位置的《大富翁》，今天跑了 5 公里，可以在 5 公里的地方修个房子啥的，别人过来的时候可以交给我钱。好玩就可以坚持下去。要引导和刺激用户去做这件事，这是我们的原始想法。"

申波觉得运动是自己的事，不是别人的事，咕咚只是相当于做了一个系统。"就像游戏一样，大家喜欢玩游戏是因为它好玩，有成就感，还能和别人有交流。"于是在 2009 年公司创建之初，申波就同时推出了硬件计步器和咕咚网。计步器用于记录运动数据，然后传输到咕咚网上供运动爱好者交流。他认为："我们只需要把产品质量做好，在硬件中加入软件，增强它的可玩性，让运动更有趣就够了。"

事实证明，申波的想法是对的。当时移动互联网方兴未艾，数据上传还需要连接电脑，用户体验并不好。尽管如此，为跑步者提供了交流平台的咕咚仍迅速集结了一群有着共同兴趣爱好的跑步者。

而移动互联网的飞速发展给咕咚的发展带来了新契机。2016 年，咕咚的注册用户数达到 5000 万，而这个数字在一年前还是 2000 万。据《乐视体育白皮书》显示，2015 年咕咚的市场占有率已经超过 50%，而在《互联网周刊》发布的 2015 年 App 分类排行榜中，咕咚在体育运动社交类应用中位居第一。

5.8.2 从售卖硬件产品转向提供软件服务

尽管咕咚在创业初期就同时推出了软件和硬件两种产品，但前期主要还是依靠销售硬件产品获得收入。2013 年，咕咚发布了国内第一款可穿戴智能手环——咕咚手环。这款手环的基本功能奠定了日后人们对手环功能的认知：运动状况提醒、睡眠监测、智能无声唤醒，并为用户提供运动状况分析、健身计划检测等服务，通过和手机软件整合还可以把监测到的数据分享到微博和微信上。

但是，智能硬件只是咕咚存活的手段。据了解，在咕咚创办之初，成都的风险投资特别少，刚起步的企业要想存活就必须依靠产品。于是，咕咚采用了硬件和软件相结合的模式。对于自己公司的优势与劣势，申波一直很清楚。若论生产能力和销售能力，咕咚比不过很多传统的硬件公司，但在软件技术和服务方面却有很大优势。于是，存活下来并得到很好发展的咕咚将业务重心转移到软件和服务上。

业内普遍看好运动类 App 的发展前景，据调查公司 IHS Electronicsand Media 的一份报告显示，运动及健身应用程序市场有望在未来几年迎来高达 63% 的增长。运动类 App 产品五花八门，有的专门用于跑步计数，有的侧重于互动交友，还有的专注于健身指导。而以咕咚为代表的运动社交形式可以让运动爱好者以群体的形式相互交流，这比单纯的运动监测 App 更具有市场潜力。咕咚将自己的主要精力放在打造运动社交模式上，用户可以和朋友、亲人分享运动数据，及时交流聊天。同时，咕咚 App 添加了搜索和群组沟通功能，强化运动社交概念。在《互联网周刊》2015 年 "美体健身 App" 的前十名中，咕咚是唯一面向全民运动的社交平台型产品。

通过 "附近" 功能，用户可以查询到周围使用 "咕咚运动 +" 的人，还可以通过性别、喜爱运动进行筛选，找到志同道合的运动伙伴。随着新的认证制度上线，数千万用户中的草根明星、运动达人获得了 "加 V" 待遇，而全国各地的大小跑团也在寻求咕咚的评估和认证，通过后会获得特定的官方"加V"标志。其他用户在使用"附近"功能时可以优先选择"加V"的用户或者群体，提高运动的安全性和成就感。

新版本的咕咚还加入了全新的"活动"，允许用户以个人或团体的名义创办各种规模和类型的体育活动。无论个人、团体，还是企事业单位，都可以通过"活动"更好地进行运动社交，甚至可以将"活动"直接对接各种赛事，让线下活动的报名、组织以及现场安排变得更加简单易行。

此外，"运动圈"和"咕咚吧"将用户的运动社交行为进一步社区化，鼓励用户积极产生内容，参与高频次的互动。咕咚 App 还推出了带有场馆 O2O 性质的"显示场地"功能，为用户提供丰富的户外及室内运动解决方案，满足用户在线运动和在线社交的需求。

5.8.3　打造运动版的微信

咕咚的飞速发展，离不开移动互联网的普及。在向移动互联网迁移之前，咕咚网一直是以"硬件＋社区"的模式在运营。而随着用户健康意识的不断提升，加上社交应用的推动，移动元素为原来的社区注入了新的活力。可以说，是移动互联网为咕咚的理念插上了腾飞的翅膀。

以前，申波打算把咕咚打造成运动版的 Facebook；现在，他的目标是打造运动版的微信："因为 Facebook 主要是 PC 端的，而我们和微信一样主要是移动端的。"

申波认为，按照国家发展体育产业的远景规划，5 亿运动人口意味着互联网运动产业拥有万亿规模的价值链。咕咚有用户体量，也有数据、服务、活动、内容等多个接入口，完全可以深度整合各方资源，共同做大这个市场。"5万亿产值是一个宏大的市场和用户培育过程。咕咚2016年举办的'线上马拉松''跑马季''城市领跑者'等活动，都吸引了大量的普通市民加入进来。未来咕咚还会成为整合多方内容的赛事服务品牌，这些都可以在咕咚平台上实现。参与的用户越多，释放的需求越多，合作的厂商就会越多，这才是'互联网+'的真正意义所在。"

咕咚高级运营总监梁昀透露，2015年以来，作为全国规模最大的运动社交平台，咕咚成为了各项跑步赛事线上合作的首选，其用户资源完全向这些赛事开放，做好各项线上服务，充分满足用户的参赛渴望。

咕咚的目标早已不局限于跑步，其曾不止一次表示要成为全球最大、体系最完善的互联网运动企业。依托自身庞大的用户数量，咕咚已经在逐步打造一个庞大、丰富的全运动平台。业务不仅包含走路、跑步、骑行等常规运动，还在陆续引入滑雪、滑冰、登山等多种运动类目。未来，咕咚改变的将是人们的生活方式。

5.9 平安好医生：构建互联网医疗健康生态系统

平安好医生背靠保险业龙头中国平安，是互联网医疗领域的明星产品。经过A轮融资之后，平安好医生的估值高达30亿美元，成为行业翘楚。而在整个移动大健康领域，平安好医生的起步却是非常晚的，2014年8月成立，2015年4月上线App。

虽然有互联网医疗保险的"金身加持"，可在一年多的时间里，平安好医生一直处在商业模式的探索阶段，之后最终形成了这样一个理念：基于互联网医疗的核心是医疗，而医疗的核心是医生，医生的核心就是服务。

5.9.1　平安好医生情况介绍

2013 年 12 月 18 日，平安好医生的两位创始员工加入平安集团，负责财务管理和管理健康两大战略业务；2014 年 8 月，平安健康互联网股份有限公司完成注册；在 2015 年 4 月 App 上线之后一个月，平安好医生 App 在移动端的渗透率就升至手机市场同类第一位；到 2016 年 3 月，在所有移动应用市场中占据同类第一；截至 2016 年 6 月，平安好医生注册用户数超过 8000 万，日咨询量 25 万次，位列"中国 Top50 最活跃 App"。

在 2016 互联网创新医疗论坛中，平安好医生资深总监邓远德透露，平安好医生现拥有 1000 多名全职咨询医生，与社会上 50000 多名医生合作，还有 3000 多家各类医院、诊所及药房等合作伙伴，以及 500 多个合作健康体检机构。目前，平台每天咨询量的高峰值达到 25 万，相当于 20 家三甲医院的体量。2016 年 3 月，平安好医生的活跃用户数在所有移动应用中排名第 41 位（排名第 1 位的是微信）。排在平安好医生之前的是乐视视频，2015 年营收为 20 多亿元。

据透露，平安好医生平台中 59% 的用户为女性，已婚已育的用户占 81%，三口之家的主妇占 46%，41 ~ 45 岁的用户占 20%。不难看出，上有老、下有小的女性对家庭的健康关注度最高。同时，其用户年龄分布和其他应用截然相反，一般应用的用户中 30 岁以下的用户占绝大部分，而平安好医生的用户中 26 岁以下的用户却只有 10%。在城市的活跃用户中，北方城市占比较高，前四位都是北方城市。

2016年4月，平安好医生完成5亿美元A轮融资，估值达到30亿美元，创造了单笔融资的行业纪录。在A轮融资成功后，平安好医生将进一步构建下一代健康医疗生态系统，最终形成闭环。而且，平安好医生成立了一家好医生生态圈孵化基金，未来会在6个重点方向进行投资，包括医疗细分领域服务提供商、医生个人诊所、拥有健康大数据和健康流量的公司、医疗器械智能设备厂商、药品厂商以及线下医院诊所。

5.9.2　构建互联网医疗健康生态系统

未来的互联网医疗领域中一定会出现一家千亿美元市值的公司，这家公司绝不是处于单一的垂直领域，而是拥有一个大的生态系统。这个生态系统集合了各个垂直领域的服务，与平台形成有机结合，共同满足用户需求。平安好医生的定位正是构建一个互联网医疗健康生态系统，这个生态系统集合了多家企业。

站在用户的角度来看，大多数人不会让一个只能提供有限服务的App长期占据手机桌面。对于App提供商而言，一年只交互几次的服务也无法变现。因此，未来将会是这样的：每个垂直领域都是相对低频的，但多个低频场景的复用就是高频的，当占领用户的时间越长，给用户提供的服务越多，最后与用户的业务交集也就越多，这是互联网的简单逻辑。

5.9.3　打造医生为用户全流程服务的闭环

平安好医生将1000多名全职医生定义为"家庭医生"，提供在线健康管理和咨询服务。目前医生和患者的比例严重倒挂，如果没有自有医生资源，就没办法实现标准化。没有标准化的产品很难商业化，用户不会单纯为了个性化服务埋单。但同时，平安好医生平台也给医生提供了一个新的职业通道，完全按照市场化的模式，依靠专业的服务能力谋求更好的职业发展。

用户在平安好医生平台咨询了医生，由于拿不到患者的病理数据，没有办法提供更深入的诊断，医生可能只会提供咨询和建议。要想真正做到专业诊断，就必须拿到病理数据，而病理数据不能通过医院获得，医生只能依靠自己拿到数据。随着医疗智能硬件的发展，在医院依靠普通门诊以及血常规、尿常规检查就能判断 60% ~ 70% 的症状，这部分通过医疗智能硬件就能实现。

平安好医生在广州试点推出"健康到家"进社区服务。用户在平安好医生上进行咨询，医生在平台上不能进行进一步诊断时会建议用户到平台合作的医院挂号就诊，或选择平安好医生提供的一小时送检上门服务，进行血常规、尿常规等检测。送检上门半个小时出报告，数据会自动上传至云端，云端的专业医生就能够根据病理报告给出进一步的处理意见。用户还可以通过医药 B2C 平台、O2O 平台以及基于线下医院的场景来满足购药的需求。这样通过多个场景拿到患者数据，进而基于医生的服务产生价值。毫无疑问，平安好医生希望打造这样的闭环。

5.9.4 采用新媒体渠道提供专业服务

在中国，患者的医学知识匮乏是一个很大的问题。因此，除了医生服务之外，平安好医生也在试图普及专业的医学知识。平台通过专业医生直播互动的形式，进行疾病预防宣传。例如，与上海的韩宝山医生合作，以防治乳腺癌为主题，每期有超过 10 万人的在线观看量、超过 3000 人次的提问量。在大量的三四线城市，用户既得不到及时的一手信息，也得不到北上广等城市好医生的指导。这些用户就是精准患者或潜在患者，也是对医疗机构和药企最有价值的患者，通过这样直播互动的方式能让用户和医生之间产生信任感。

中国有 90% 的医生如今还是依托医院和医生组织，而直播的形式可以建立医生的个人价值平台。当一位医生在平台上的粉丝超过 100 万人时，完全可以打造自己的职业团队。就像在有微博之前，医生不敢出来开诊所，因为没有人认识他，但成为"网红"后情况就不同了。同时，医院也可以通过"网红"医生和自己的 IP 来塑造医院的品牌价值。在平安好医生的眼中，无论是用户、医生，还是医疗机构，健康直播都有不错的契合点。

除了直播内容以外，平安好医生还通过"健康社区"普及健康知识，依托专业医疗健康机构和医疗从业人员合作生产医疗健康内容。应用场景大致可以这样描绘：当一位乳腺癌患者在决定是找韩宁山医生还是找其他医生看病时往往会犹豫很久，而平安好医生的"健康社区"就提供了这些专业的指导服务，里面有各个专业机构，用户可以去挑选和比较，最后形成互动。

第 6 章

社群变现模式与渠道选择

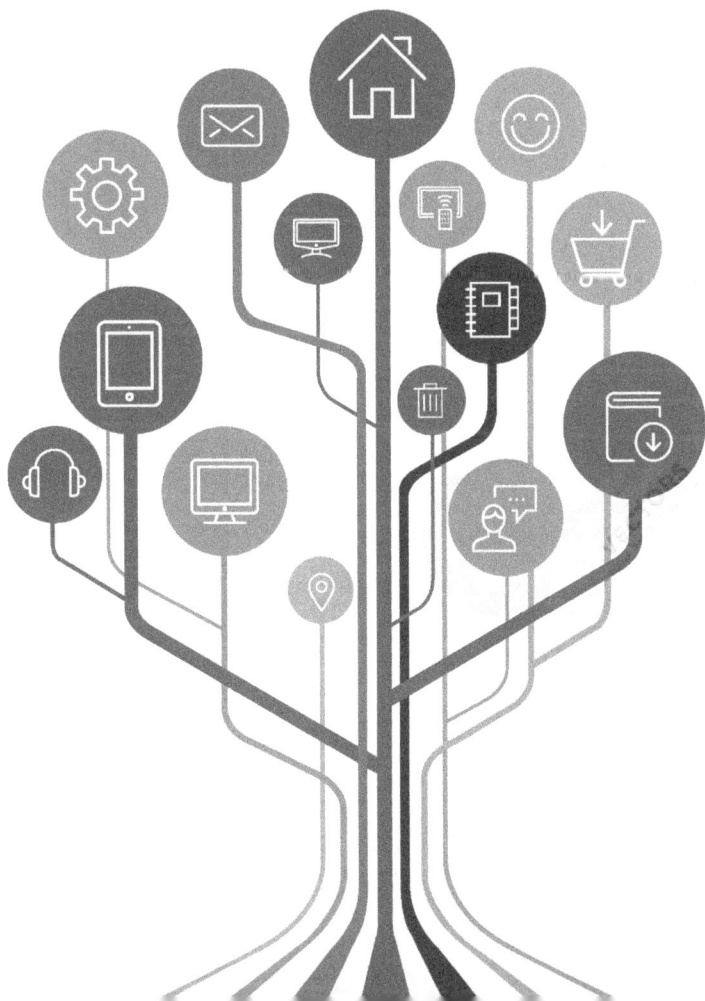

6.1 营销变现

营销变现的本质是企业把社群当作广告投放渠道。社群也是一种媒体，有媒体就有广告。不过，任何广告都应与媒体形式相匹配，否则就是无效的。社群作为一种新媒体形式，刷硬广告的做法是行不通的，因为营销广告很容易被社群成员看作是垃圾信息而被过滤掉。

社群本身有互动场景，社群成员又相对精准，因此企业投放广告只有建立在良好的社群运营和精准的社群成员匹配的基础上才会有效果。有时候运营者甚至需要将广告当作社群内容或者活动本身，让广告与内容深度吻合，才容易让用户接受。

运营者为社群成员提供高附加值的服务也是一种营销变现的模式。社群成员与普通用户在购买产品时不存在明显差异，但是运营者可以在优先购买和售后服务方面让社群成员享受到更多的优惠待遇。

案例：小米的 F 码营销

在小米手机众多的营销手段中，可以说饥饿营销是主力。在开放购买之前，关于小米手机需要预订才能买到的消息已经在粉丝中广为传播。2011 年 8 月 5 日 13 时到 6 日 23 时 40 分，小米手机的预订量超过 30 万台，小米网站立刻宣布停止预订并关闭了购买通道。这样看来，小米的饥饿营销策略是非常成功的。

与此同时，小米手机在各种网络渠道上下足功夫，举办了很多活动，活动礼品就是小米手机 F 码（见图 6-1）。所谓 F 码就是能够提前购买手机的优先码，这是社群用户的专属特权。由于已经被订购 30 万台手机，对于排名靠后的购买者或者没有参加排队订购的有意购买者来说，有了 F 码就能优先获得购买小米手机的机会。

图 6-1　小米手机 F 码海报

由于 F 码的稀缺性，其价值就被用户炒了起来，甚至有大量用户愿意花钱购买 F 码。小米的这种策略以前在国内从未出现过，可以说是社群营销变现的新手段。经过一系列活动的渲染，小米手机的品牌价值得到了大大的提升。从某种程度上说，小米手机采取 F 码策略所获得的利润要远远大于手机直接开放购买所赚取的利润。

6.2 分销代理

在西方经济学中，分销的含义是建立销售渠道。根据著名的营销大师菲利普•科特勒的定义，分销渠道又叫营销渠道，是指某种商品或服务从生产者向消费者转移的过程中，取得这种商品或服务的所有权或帮助所有权转移的所有企业和个人，但不包括供应商、辅助商。

在社群中，对于大宗产品如地产、汽车等，单纯依靠社群是无法最大限度实现社群变现的，这就需要鼓励社群成员转换身份，成为销售环节的一分子。这样，社群成员就能成为分销渠道的主力军。

案例：万科的经纪人平台

万科集团是最早尝试借助社群模式进行营销的地产企业，上线了全民经纪人平台"万享会"微信服务号（见图 6-2）。这是一款基于微信平台的全民互动营销工具，任何人均可注册成为万科的线上经纪人，通过推荐用户购买万科项目，从而获取佣金。不同类型的项目，所能得到的佣金比例不同。

图 6-2 "万享会"微信服务号

万享会包括两个重要功能：一个是"全民经纪人"，即鼓励注册人推荐用户购买万科的项目；另一个是"分享达人"，即鼓励注册用户对万科信息进行传播，并从中发现意见领袖和潜在的用户需求。

以往传统的营销模式是通过大量媒介投放信息而获得来电来访，然后通过层层筛选以获得精准用户，而万科分销代理模式是基于"移动互联网时代每个人都可以成为媒体和渠道"以产生传播和销售所产生。尽管所有人都可以成为万科的注册经纪人，但万科的主打用户还是万科业主，也就是万科社群成员。相比其他人，万科的老用户一旦推介成功，将会享受到更多福利。

6.3 会员收费

收取会员费，可以说是最简单直接的变现方式了。所谓会员费，是指人们必须支付一定的费用才能加入社群，参与社群活动和享受社群服务。这个很容易理解，运营者相对于社群成员来说本来就存在运营成本，收取一定的费用是合理的。

不过，笔者更愿意把收费单纯地看作是入群门槛，而不是社群变现的主要手段。社群不同于粉丝群，它是有着共同目标和价值观的人群聚合体。因此，社群成员必须是经过筛选的，而收费是一个很好的筛选手段。

案例：樊登读书会

樊登读书会是全国最大的付费阅读社群，2016 年付费会员高达 60 万人，年收入高达 1 亿元，在全国成立了 145 家市级分会，还成立了新加坡、美国业特兰大、加拿大多伦多等海外分会，成为分享经济时代内容创业的一道绚丽耀眼的风景（见图 6-3）。

为何很多内容创业项目以失败告终，而樊登读书会却能获得成功呢？樊登读书会是如何创新商业模式，在分享经济时代快速发展的呢？樊登读书会创始人樊登博士分享了以下两点。

第一，樊登读书会切入个人的认知盈余空间。

樊登读书会解决的痛点是绝大多数人需要学习和读书，但是没有时间读或者没有能力读出精髓、读出味道，这种需求是巨大的。同时，读书本质上可以帮助人们解决现实中的难题，例如，如何与孩子相处、如何与爱人相处、如何把事业做好、如何赚钱等现实的困惑。

图 6-3　樊登读书会活动

第二，坚持会员收费。

从第一个用户开始，樊登读书会就坚持收取年度会员费 365 元。罗辑思维创始人罗振宇曾对樊登说"要向你致敬"，因为樊登为文化人开创了一个新品类。当初罗辑思维、吴晓波频道都是免费，就是过于相信所谓的"互联网思维"和"免费思维"。

樊登读书会如何让用户愿意付费呢？他们做到了两点：第一，产品做到足够好；第二，有线下的人推荐。让每一位会员愿意向别人推荐读书会，这样就逐渐形成会员数量上几何级数的量变。例如，某著名产业基金董事长成为樊登读书会的会员后主动在朋友圈推荐，没想到一下子就使樊登读书会增加了 200多位会员；著名投资人软银赛富羊东成为樊登读书会会员后，要求所有参与投资的公司团队成员必须成为樊登读书会会员，一起读书学习。他们都认为樊登读书可以读出味道、获得价值，自然愿意付费。

6.4 微商模式

肇始于2013年的微商赶上了移动互联网的技术革新，也赶上了"大众创业，万众创新"的号召，规模不断增长。据CCTV-2报道，2014年微商的从业人员仅为约1000万人，当年的行业整体规模不到1000亿元，2015年时这两个数字已经刷新到了2000万人、2000亿元，而且从业者以日均过万的速度不断增长。

社群经济的先行者可以追溯到2012年创办的罗辑思维，霸王餐、社群征婚、限时卖书等让罗辑思维社群爆点与争议不断。紧追其后的是创办于2014年、将"人格魅力"发挥到新高度的吴晓波频道，千人转型大课、吴酒、美好的店等使吴晓波频道社群情怀与商业齐飞。再之后的2015年，起家于淘宝导购的美丽说，缘起于亲子分享的辣妈帮，以及由智业转型而来的青山老农……各路豪杰纷纷举起"社群电商"大旗，各显神通。

三四年间，微商和社群一度关系暧昧。有人认为微商是社群的一种模式，也有人认为社群是微商的模式之一。笔者认为，社群可以利用微商人数多等优势进行营销，从而达成交易变现。

案例：青山老农

邱晓茹是社群电商青山老农的创始人，这位"80后"潮汕"姿娘"于2013年底结束了10多年的"智业民工"生涯，开始了青山老农的创业之旅（见图6-4）。

当时只有两个人，就是这个两人的团队采用微商模式，用一年时间搭建起了青山老农的基础构架。2015年3月，青山老农开通微信订阅号"我的花草生活"和服务号"青山老农"，打出了"植物素生活"的公司理念，吹响了从粉丝到青素、从社群到商业变现的"集结号"。从倡导"植物素生活"理念的自媒体做起，青山老农历经一年时间积累起近百万都市知识女性粉丝，又从中发展了 16 万名注册会员。

图 6-4　青山老农活动

6.5 直播模式

作为移动互联网快速发展的产物，网络直播是 2016 年最火爆的风口产业之一。网络直播平台动辄有上亿元的资本注入，吸引了无数人的眼球。然而，随着市场的不断规范与行业内竞争的日益激烈，直播行业已从早期拓荒、跑马圈地野蛮生长的时代进入了重运营和稳留存的时代，各个平台也不断进行新的尝试。

2016 年，斗鱼联手去哪儿网"519 疯游节"推出户外旅游直播，在 10 天 16 场的直播中，最高同时在线 81 万人，总在线数量超过 1000 万人次。斗鱼采用"直播 + 旅游"的方式，打破了传统旅游平台仅靠文字描述和图片展示向受众传达旅游体验的单一感，举办了 360° 全方位解密酒店、游戏互动、热点互动和周边景点探访等多场直播。这样做既能充分突显直播平台的时效性，又能体现直播平台的互动性和真实性。笔者认为，社群和直播可以相互结合，以提高社群成员的即时互动性，进而提高社群成员的黏性。

案例：掌门直播的直播号

掌门直播以社群为基础，以直播为工具，打造全新的连接方式，构建"直播 + 社群"的全新商业生态（见图 6-5）。自上线之初，掌门直播便定位于价值直播、商业直播、社群直播和知识分享的平台。严格的实名认证制度让直播发布者做到对自己的内容负责，最大化地过滤出优质的直播内容。

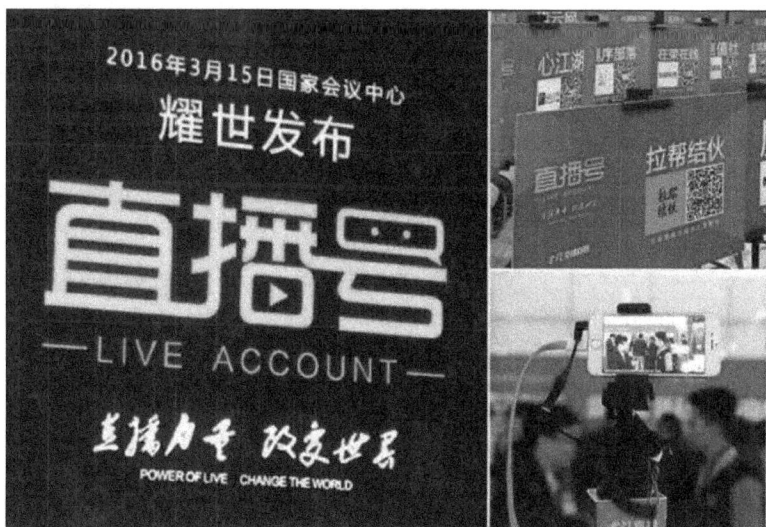

图 6-5　掌门直播活动

使用掌门直播 App 的用户可以创建自己的社群直播号，也可以创建最多拥有 10 万成员的社群，实现了社群和直播的无缝对接。企业老板可以在平台上构建自己的微网站、微媒体，介绍公司的所有信息和发布企业信息资讯，还可以构建自己的微商城，实现产品的销售和便捷的支付。

直播号和在线教育结合起来的优势更明显。单一的授课模式总难满足教学的需要，有效的教育是多种方式的结合，用户在直播号可以直播、续播、回放，可以利用音频和视频……所能想到的授课方式，掌门直播号都有。而且，直播中设置了直播互动、直播打赏、直播提醒、直播权限设置等多种功能，老师可以一边授课，一边和学生互动。因此，笔者认为掌门直播做到了社群和直播的有效结合。

6.6 众筹模式

众筹即大众筹资，是指用"团购＋预购"的形式向网友募集项目资金的模式。众筹利用互联网和 SNS 的传播特性，让小企业、艺术家或个人向大众展示他们的创意，获取大众的关注，进而获得所需要的资金支持。

相对于传统的融资方式，众筹更加开放。只要是网友喜欢的项目，都可以通过众筹的方式获得项目启动的第一笔资金，这为更多小本经营或创作的人提供了无限的可能。

在众筹平台进行的众筹，如京东众筹、人人投、淘宝众筹，都被称为陌生人众筹。社群众筹则不同，项目方和投资方属于同一个社群，可能是熟人、朋友、熟人的熟人、朋友的朋友。从这个角度讲，社群众筹又叫作"关系众筹"。那么，社群众筹如何实施呢？主要分为以下几步（见图 6-6）。

整理社群需求 → 梳理社群资源 → 设计众筹项目

图 6-6　社群众筹的步骤

第一步，整理社群需求。

好的项目需要满足三个条件：高频、痛点和刚需。因此，不能帮助用户解决痛点、不能满足用户需求的项目是无效的项目。不同社群有不同的需求，要想发起社群众筹项目，首先就要收集和整理社群的需求。作为社群的一员，通过和大家沟通交流，从大家平时的反馈中可以得知这个社群的具体需求，将其收集起来，按照优先顺序排序。

第二步，梳理社群资源。

找到社群需求后梳理社群资源，包括行业资源、人力资源和资金资源。一个社群的需求可能有很多，做众筹必须先满足最迫切、最重要的那个需求，这也是与社群资源相匹配的需求。

第三步，设计众筹项目。

需求和资源匹配后，众筹项目就水到渠成了。众筹不仅是融资手段，还是一种有效的营销方式。

6.7 拍卖模式

拍卖是指以委托寄售为业的商行当众出卖寄售货物的行为，由顾客出价争购到无人再出更高价时拍板成交。我国拍卖法规定公开、公平、公正及诚实信用为拍卖活动必须遵守的基本原则。很多企业或商家借助社群进行拍卖，取得了良好的效益。笔者以艺术品行业为例，探讨社群拍卖模式。

在社群拍卖模式初期，传统艺术品行业的卖家不会有太高的积极性，大概原因如下：

第一，卖家在思想上会有顾虑，担心这种模式不靠谱；

第二，艺术品要拍出高价需要有很多买家参与，卖家担心人不多；

第三，社群拍卖要求拍品的品质必须好，同时图片文字介绍要详细真实，很多卖家觉得麻烦。

这时，运营者要自己做示范，先组建微信群组织拍卖，在取得了良好的经济效益后，其他卖家才会跟进。

微信群的拍卖包含以下几个环节（见图 6-7）。

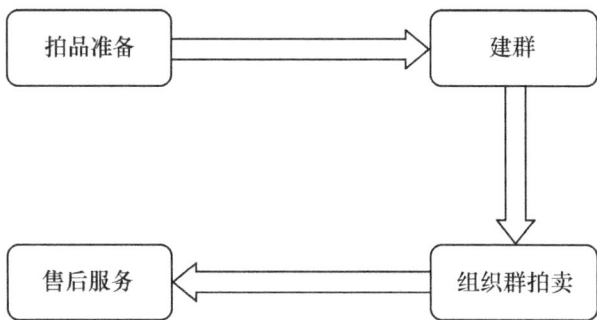

图 6-7　社群拍卖流程

第一步，拍品准备。

拍品主要来自合作商家，为了保证效果，需要运营者统一拍照，上传质量检测报告，编辑拍品详情和上传店铺。

第二步，建群。

首先是邀请买家入群。运营者可以加入很多艺术品交流微信群和同行的拍卖群，添加发言多或出价高的买家为好友，然后邀请他们进入自己的微信群。其次是邀请卖家入群。这里需要说明，艺术品玩家一般都有品类偏好，所以微信群可以分书画和杂项两类。

第三步，组织群拍卖。

白天拍品预展，晚上开拍，单场8件拍品，买家通过分享的拍品链接出价，主持人即时报价，当场成交。

第四步，售后服务，包括联系付款、发货、物流跟踪和买家关系维护。

拍卖社群除了发公告和拍卖，不需要过多闲聊，运营者只要和买家保持良好沟通即可。实践证明，运营者可分为多个小组独立运营不同的拍卖群，独立组织拍卖，成绩最好的群组一个月成交接近50万元，单件拍品最高拍出12万元。很多买家觉得链接出价麻烦，加上群里氛围不好，后期放弃使用店铺系统出价，改成了群内报价。笔者在此提醒，社群拍卖模式是一种新模式，不管是卖家还是买家都要注意风险。

6.8 其他类

社群的变现模式主要由社群的特点和属性决定。例如，兴趣类社群的变现模式可以是出售主题文化衫、办明星见面会和出售吉祥物。社群可以定期发起一些主题活动，如竞赛和线下见面会。这些活动可以通过门票和参赛费等划定门槛，既保证了活动的规范性，又可以使社群商业变现。此外，出版图书和拍摄电影也是变现的模式。

第 7 章

社群的未来畅想

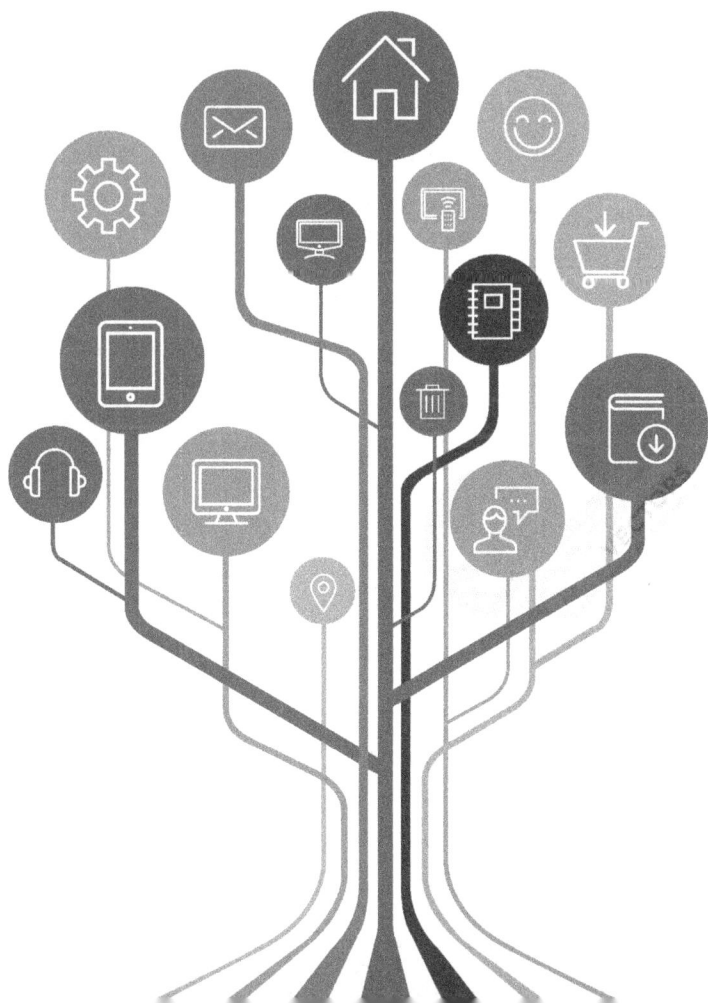

7.1 重回部落

在人类历史中，人们最初生活在原始洞穴里。虽然社会发展极其缓慢，环境也很恶劣，但积累在人类基因里的很多东西不是现代高科技所能替代的，如人性、亲情和爱心。到了工业时代，人性在很大程度上被磨灭了。例如，某些西方工厂流水线员工连上厕所都要计算时间。到了互联网时代，尤其在互联网公司中，大多设有下午茶区、宠物区、发泄区，甚至还有母婴哺乳区，听说京东还要办员工子女幼儿园，这就是尊重人性。

在原始社会，人类的生存单位和连接渠道是部落，人类在以亲情和血缘为基础的部落中进行繁衍生息。部落成员之间基于血缘关系造就了天然的信任，所以部落是一个天生不需要怀疑的体系。在这个体系中，部落成员之间是无条件信任的。出去打猎，部落成员谁走前、谁走后，完全凭经验和成员之间的信任。

进入工业时代后，机器为人类创造了很多物质条件。人类逐渐认为，自己作为个体强大就行了，信任是可有可无的东西。到了互联网时代，人类开始厌倦各种套路和伪装，不需要怀疑的原始社会部落生活又被人们怀念。但人类不可能再跑回洞穴里，好在移动互联网给我们创造了条件。

移动互联网让很多人看到了希望，也让很多人感到迷茫。下一步究竟该怎么走，连腾讯公司的马化腾都说不清楚。作为中国大互联网公司之一的掌舵人，马化腾说他最大的困惑是理解不了"90 后"和"00 后"的想法。面对充满诱惑又充满不确定性的机会时，我们唯一能做的事情就是组队抱团。

2014 年出现大量社群，就是人们一起做一件充满诱惑又充满不确定性的事情需要组队抱团的结果。但到了 2015 年下半年，大量社群又纷纷解散了。原因很简单，那就是社群成员之间缺乏信任。原始部落之所以结构稳固，原因就是部落成员之间基于血缘而产生的信任和基于生存而产生的需求。但是，随着移动互联网而出现的社群往往缺乏这两个关键要素。

在过去的农耕时代、大航海时代、工业时代，人性一直隐藏在人类基因中。到了移动互联网时代，几乎每个人都拥有一部智能手机。在完善的无线数据传输条件下，每个人都可以在法律允许的范围中畅所欲言。这种个体上独立而信息上联络畅通的模式，恰恰为人性的回归创造了良好的环境。笔者认为，在可以预见的未来，人类社会经济形态将会重回部落状态。

7.2 从口碑营销到自定义体验

互联网时代，最廉价和最有效的传播方式是口碑传播。就像刷爆微信朋友圈的《人民的名义》这样一部反腐题材电视剧之所以能产生如此大的影响力，原因就在于该电视剧有良好的口碑。社群成员正是天然的口碑传播者，因此企业需要不断激活用户参与，激发用户的积极性和创造力，满足用户当前的需求，做好口碑营销。

传统的体验经济强调消费过程中的服务体验，体验处于生产消费链的下游环节。而社群经济是体验经济的发展，体验要渗透到生产、营销和消费等多个环节。所以，社群经济中的体验包括产品功能体验、情感体验和消费场景体验。

关于产品功能体验，就像马化腾指出的，包括个性需求、核心性能、交互功能和细节设计等几个方面。例如，微信就是产品功能体验，拍照、点赞、评论、转发和分享功能浑然一体。

关于情感体验，被罗辑思维一类的自媒体平台所看重，因为只有满足人们的情感需求，打造独特的情感体验，才能吸引大批粉丝关注。

关于消费场景体验，面对用户所处的特定场景提供精准化营销和服务，对于企业来说无疑显得格外重要。借助大数据和GPS技术，企业为用户提供从信息传播到支付的一体化服务体验，在社群经济中越来越重要。

总体来说，社群经济的发展改变了产业链体系的各个环节，证明了以用户为中心的商业模式的重要性。可以预见，人类社会将从口碑营销向自定义体验转型。

7.3 社群生态化

生态系统是指在自然界的一定空间内，生物与环境构成的统一整体。在这个统一的整体中，生物与环境之间相互影响、相互制约，并在一定时期内处于相对稳定的动态平衡状态。

生态系统的范围可大可小，相互交错。最大的生态系统是生物圈，最复杂的生态系统是热带雨林，而人类主要生活在以城市和农田为主的人工生态系统中。生态系统是开放的，为了维系自身的稳定性，需要不断输入能量，否则就有崩溃的危险。当下的社群也呈现出生态化和开放化的趋势。

案例：海尔开放创新平台

海尔集团成立于 1984 年，是全球家电第一品牌，在互联网时代从传统制造家电产品的企业转型为面向全社会孵化创客的平台。海尔颠覆传统企业自成体系的封闭系统，变成网络互联中的节点，互联互通各种资源，打造共创共赢的新平台，实现了各方共赢增值。

海尔开放创新平台（Haier Open Partnership Ecosystem，HOPE）是海尔尝试开放式创新探索的代表，致力于打造全球最大的创新生态系统和全流程创新交互社区（见图 7-1）。HOPE 平台通过整合全球一流资源，为企业、个人解决创新来源和创新转化过程中的资源匹配，持续产出颠覆性创新成果，创造最佳的用户体验，实现生态圈内共创共赢。

图 7-1　海尔开放创新平台创意酷产品

海尔开放创新平台创新合伙人以开放式创新为黏合剂，搭建了一个由技术研发人员和大量创新者组成的资源网络，同时也让创新者知识碰撞、资源自由流动，最后实现资源直接对接。而创新合伙人平台则提供精准的用户交互和方案匹配，加速创新成果上市。

信息互动、资源共享以及社群智慧在增加了创新动力的同时，也为创新者和企业提供了一条捷径。而对于海尔开放创新平台而言，将逐步实现从创新机构间合作到以社群为主的开放式创新生态系统的升级。

7.4 社群 vs 微商

微商是由微盟 CEO 孙涛勇提出的一种社会化移动社交电商模式，它是企业或者个人基于社会化媒体开店的新型电商，主要分为基于微信公众号的微商（称为 B2C 微商）和基于朋友圈开店的微商（称为 C2C 微商）两种类型。

淘宝有天猫平台（B2C 微商），也有淘宝平台（C2C 微商）。而微商则是有基于微信"连接一切"的能力，可以实现商品的社交分享、熟人推荐与朋友圈展示。

微商是一个新鲜事物，已经有人通过做微商创造了财富，但更多人不懂微商怎么做。有的微商囤完货以后发现很难开拓销售渠道。其实，微商不能过度依赖微信，因为这种销售方式太过单一。笔者认为，微商可以通过社群渠道来吸纳目标用户，进而达成交易。例如，作为销售女性化妆品的微商，可以多"混"女性数量较多的社群，和女性朋友们聊聊脸上长痘痘、油性皮肤等话题，通过这些话题和她们产生线上互动，等时机成熟再和她们线下见面沟通，最后赢取她们的信任，进而达成交易。

7.5 社群 vs 网红

社群是渠道和媒介，网红则是一种以个人 IP 为核心的即时互动性传播。网红以个人 IP 名义向人们输出内容，强调即时性和互动性。社群作为方式和渠道，是人们共同价值观的体现。网红是内容的一部分，内容需要社群传播，具有延续性。

这两种模式都以人为连接，是以一群人相互信任为基础的。社群是一群具有相同价值观的人的集群，在这个集群中有一个意见领袖，大家在其带动下围绕共同的价值观去做某件事情。网红追求的是个人的生活状态，粉丝会遵循网红的生活状态。而这两种模式都是未来商业的入口，当社群经济遇上网红经济，这两种模式一定会相互呼应，推动现有的商业发展。